JN071418

日韓会談研究のフロンティア

「1965年体制」への多角的アプローチ

吉澤文寿 編著

金崇培　金恩貞　尹錫貞　金鉉洙　厳泰奉　朴䄷建　李元徳

•

한일회담 연구의 프런티어

「1965년체제」에 대한 다각적 접근

•

Frontiers of Research on Japan-Korea Talks

A Multifaceted Approach to the 1965 System

社会評論社

はじめに

吉澤文寿

二〇一八年一〇月三〇日、アジア・太平洋戦争中に「徴用工」として日本に強制動員された韓国人四人を原告とする訴訟で、韓国の最高裁判所（大法院）がその慰謝料請求権を認め、被告である新日鉄住金（現・日本製鉄）に一人当たり一億ウォンの賠償支払を命じた（一〇・三〇判決）。同年一一月二九日に、韓国大法院は三菱重工業に対して、ほぼ同様の判決を下した。これらに対して、日本政府は即座に反応し、この判決が「国際法違反」、すなわち日韓請求権協定の合意内容に反するとして、韓国政府に対応策を求めた。このことで日韓関係は政治外交から悪化し、経済、安全保障、ひいては市民交流にも悪影響が及ぶようになった。

さらに、二〇二一年一月八日にソウル中央地方裁判所（地方法院）は日本軍「慰安婦」被害者韓国人女性一二人の訴えを認めて、日本政府に対して一人当たり一億ウォンの慰謝料支払いを命じた。これに対して、日本政府はこの判決において、国家には他国の裁判権が及ばないとする国際法上の原則とされる「主権免除」が認められなかったことに強く抗議するとともに、国際司法裁判所への提訴を検討していると報じられた[1]。この判決は裁判に応じない姿勢を固持した日本政府が控訴しなかったために確定した。しかし、同年四月二一日にソウル中央地裁は、別の訴訟で「主権免除」を認定し、日本政府への損害賠償を求めた日本軍「慰安婦」被害者の訴えを斥けた。この原告の被害者たちは判決を不服として、五月六日に控訴した。

「二〇・三〇判決」が下された二〇一八年は、文在寅大統領と金正恩国務委員会委員長による南北首脳会談が再開し、そして金正恩委員長とトランプ大統領による史上初の朝米首脳会談が実現した年であった。朝鮮戦争が休戦状態である東アジアにおいて、朝鮮民主主義人民共和国の核・ミサイル開発の行方に注目が集まり、この地域の平和体制構築に向けた協議の進展が期待された。しかしながら、朝米両国の交渉戦略の相違が甚だしく、同年六月一二日及び翌年二月二七―二八日に行われた二度の首脳会談以後、対話は中断している。また、日本人拉致問題などをめぐって中断している日朝国交正常化交渉の再始動も今日に至るまでの懸案であるものの、未だにその兆しが見えない。朝鮮民主主義人民共和国にも戦時強制動員被害者が存命しており、その遺族も生活している。当然のことながら、国交正常化を実現するにあたり、日韓関係と同様に、日朝関係においても、戦時強制動員を含む、植民地支配責任問題の解決が求められる。

このように日韓・日朝関係がより複雑な様相を見せると、一九六五年に締結された日韓基本条約および諸協定（以下、日韓諸条約）に対する世論の関心が高まってきたし、現在まで粘り強く明らかにされてきた研究成果も注目されるようになった。とりわけ、日韓請求権協定第二条一の「完全かつ最終的に解決された」請求権をめぐって、さらにその背景にある植民地支配責任や歴史認識をめぐって、日韓両国を中心に、近年様々な論考が発表された。巻頭言において、ここでそれらを逐一取り上げて論じることは控えたい。ただ、そのような論壇で注目される主題のひとつが「一九六五年体制」と呼ばれる、日韓基本条約及び諸協定によって規定された日韓関係の評価である。「一九六五年体制」としての日韓関係は、一九五二年四月二八日に発効した日本国との平和条約（サンフランシスコ講和条約）のサブシステムであり、この条約によってその基本枠組が規定されている。また、一九九八年一〇月八日に発表された「日韓共同宣言―二一世紀に向けた新たな日韓パートナーシップ―」（日韓パートナーシップ宣言）によって、この体制は補強されてきた。この体制をどのように評価し、それに付随する様々な課題にどのように向き合うのか、今後も多くの議論が展開されることが予想される。

本書は、日韓諸条約締結に至る交渉過程及びそれに関連する課題について、先行研究を踏まえつつ、韓国の議論をリードする研究者から新進気鋭の若手研究者まで、その多角的アプローチによる研究成果を集めて、翻訳出版したものである。二〇〇五年以降に日韓両国で日韓国交正常化交渉（以下、日韓会談）に関する外交文書が一〇万枚以上公開され、現在に至るまでにそれらを利用した研究成果が発表された。共同研究の成果としては、浅野豊美・木宮正史・李鍾元編著『歴史としての日韓国交正常化』（全二巻、法政大学出版局、二〇一一年）や二〇一五年に東京大学出版会より刊行された『日韓関係史（一九六五―二〇一五）』（全三巻）などが挙げられ、これらはそれぞれ韓国でも出版された。しかしながら、これらによって日韓会談関連外交文書の分析が十分になされたとはいえない。とくに、新進の研究者らによって、新たな史料が発掘され、いままで焦点が当たらなかった論点が提示されていることに注目したい。本書は先行研究で手薄だった漁業問題、文化財問題、在日韓国人法的地位問題などを含めて、日韓会談で討議された重要な議題について、新たな論点を示した最新の研究を集めたものであり、その成果を日本で発表することの学術的価値は十分にある。

本書の執筆者は日本および韓国で活躍する研究者たちである。そのようなトランスナショナルな環境で、瑞々しい感覚を生かして考察された論文を集めて出版することにより、しばしば日本の中で閉じられがちな議論の空間を拡張し、より幅広い観点から日韓関係を考察するためのヒントを読者に与えることができると確信している。

本書の執筆者は、「韓国政府公開資料による日韓基本条約の国際共同研究―脱植民地化論理と冷戦論理の交錯」（二〇〇六―二〇〇九年、研究課題／領域番号一八二〇三〇一一、基盤研究A、研究代表者・浅野豊美）、「朝鮮半島から見た戦後東アジア地域秩序の形成と変容新たな地域像を求めて」（二〇一〇―二〇一三年、研究課題／領域番号二二二四三〇一八、基盤研究A、研究代表者・浅野豊美）、そして二〇一五年度から二〇一七年度まで編者が研究代表者を務めた「日韓国交正常化以後の請求権および歴史認識問題の展開過程の検証」（研究課題／領域番号一五H〇三三二四、基盤研究B）などの日本学術振興会科学研究費（科研費）助成事業に協力してきた。編者らの日本側研究者は、これらの科研費による事業の一環として、韓国の国民大学校日本学研究所との研究交流を継続してきた。この研究所は機関誌『日本研究』（韓国語）をはじめとして、長年日韓関係の研究で成果を上げてきた。

とくに、近年においては、二〇一六年一〇月二九日に同研究所で学術会議「韓日外交文書研究会」を開催し、二〇一七年一二月八日に新潟国際情報大学新潟中央キャンパスでシンポジウム「植民地責任の現在―一九六五年日韓国交正常化から問い直す―」を開催した。さらに、二〇一八年一一月一六日には国民大学校日本学研究所で日韓の研究成果を相互に報告し、意見交換をするための学術会議を実施し、研究成果を確認するとともに、その向上を目指した討論を行った。このような国際的な研究交流の蓄積をふまえて、本書は吉澤文寿編著『歴史認識から見た戦後日韓関係』（社会評論社、二〇一九年）の姉妹版として刊行される。さらなる国際的な学術交流を推進するために、本書刊行が果たす意義はきわめて大きい。

また、本書は二〇一九年一一月に韓国で出版された東北亜歴史財団韓日歴史問題研究所編『韓日協定と韓日関係　一九六五年体制は克服可能か？』[2]との連携も考慮されており、同論文集に含まれている六編が、加筆修正されたものを含めて本書に収録されている。これらの翻訳・校閲は、それぞれの優れた研究成果であるという観点とともに、日本と韓国の研究者がこの問題を通して交流を深める際に、必ず参考になる内容を含んでいる。

先述の通り、二〇一八年の「一〇・三〇判決」以後、日韓関係はにわかに緊張の度合いを増しており、一九六五年の日韓基本条約および諸協定に対する関心が高まっている。そのような状況において、とりわけ日本の研究者や市民が韓国の若手研究者を中心とする研究成果を知ることにより、沈着かつ冷静な観点を持つ日韓交流を増進させるために、この本書が貢献できるであろう。

本書の刊行にあたって、出版社との会議や韓国への出張については、韓国の東北亜歴史財団からも、刊行を進めるための諸活動に対して支援をいただいた。本書はこのようにして日韓間の研究交流が行われた成果であり、日本における朝鮮現代史および日本現代史のみならず、おもに韓国の諸団体との研究活動としての国際交流に大いに貢献することが期待されている。

本書の出版準備を進めていた二〇二〇年より新型コロナウイルスのパンデミックが発生し、教育、研究、そして出版活動などに多大な支障を来した。あらゆる国際研究は国境をまたいで交流する機動力が保障される環境で大きな成果を上げてきた。しかしながら、このような困難な状況が続き、先が見通せなくても、いままでの私たちの歩みを省察し、着実に前進し、出版までに至ったことは、多くの関係者の努力なくしてあり得なかった。本書に収録される論文を日本語に翻訳して提出された執筆者の先生方ならびに私たちの研究事業に参画いただいた諸先生方、とりわけ論文のとりまとめや連絡を担当してくださった厳泰奉氏、そして、本書の刊行を快く引き受けてくださった社会評論社の松田健二氏および編集を担当された本間一弥氏に、この場を借りて厚く感謝申し上げたい。

【注】

(1)「慰安婦判決　韓国を提訴検討　日本政府、韓国司法裁判所に」『朝日新聞』二〇二一年一月一〇日、朝刊、東京本社、三面。

(2) 동북아역사재단 한일역사문제연구소 편『한일협정과 한일관계 1965년 체제는 극복 가능한가?』동북아역사재단、2019년。

はじめに――吉澤文寿 3

第一章 日韓関係の定立と反定立
――ジョン・フォスター・ダレスの信念――金崇培 19

はじめに
一 外交経験の原点とヴェルサイユ平和条約……22
二 キリスト教精神と反共主義の結合……28
三 大韓民国とサンフランシスコ平和条約……34
1 韓国の国際的承認 34
2 サンフランシスコ平和条約の誕生 39
おわりに……46

第二章　日韓間歴史論争の構造化
――戦後国際情勢の動向と対韓請求権主張論理の形成

金恩貞

はじめに　63
一　連合国の戦後認識　63
1　戦後処理の枠組　63
2　極東問題に関する米・ソの構想　65
二　米国の戦後アジア秩序構想の転換　69
1　アジア冷戦の顕在化と対日講和政策の緩和　69
2　韓国の対日賠償請求論理の制約　74
三　日本の対韓請求権主張の論理　76
1　朝鮮植民地統治の正当化　76
2　国際法的正当化の試み　79
四　歴史論争の構造化　82
1　法的論理の矛盾　82
2　日韓会談妥結と歴史攻防の棚上げ　85
おわりに　87

第三章　初期日韓会談における両国交渉戦略の再検討——一九五一—一九五三

——予備会談から第三次会談の決裂まで

尹錫貞 97

はじめに 99
一　日韓会談の開催と日韓の交渉戦略 99
1　日韓予備会談の開催 99
2　第一次会談の決裂と日韓の論理 104
二　第二次日韓会談の開始過程と日本の休会提案 108
1　冷戦論理と韓国の対日説得 108
2　日本の休会提案と反李承晩認識 110
三　第三次日韓会談と漁業問題 113
1　日韓漁業問題と日本の対米外交 113
2　第三次日韓会談の決裂と日韓対立の激化 115
結論 119

第四章　日韓会談中断期における大村収容所問題に対する日本政府の対応 ―――― 金鉉洙　127

はじめに
一　日韓会談中断期における大村収容所問題の浮上 ……… 129
二　大村収容所問題に対する日本政府の法律的検討と対応策 ……… 135
三　収容者の相互釈放問題の妥結、そして悪循環の繰り返し ……… 143
おわりに ……… 149

第五章　日韓会談における文化財返還交渉についての再検討 ―――― 厳泰奉　161

はじめに
一　先行研究の検討及び研究方法 ……… 166
1　先行研究の検討　166
2　研究方法　169

二　文化財返還関係会議の開催についての問題 ……… 171
1　日韓会議中断期の議論　171
2　文化財小委員会開催に関する議論　175
3　専門家会議開催に関する議論　178
三　文化財リスト提出についての問題 ……… 183
四　返還と寄贈についての問題 ……… 188
おわりに ……… 192

第六章　日韓大陸棚協定の外交史的考察と未解決課題
――東アジア海洋ガバナンスの構築に向けて――　朴昶建　203

はじめに
一　東アジア海洋ガバナンスの日韓大陸棚協定 ……… 206
二　日韓大陸棚協定の外交史的考察 ……… 211
1　歴史的背景　212
2　交渉過程の特徴　217

三　未解決課題として日韓大陸棚協定 …… 224
結論 …… 230

第七章　徴用問題の再照明
——韓日会談、文書公開と立法処理、大法院の判決とその後 —— 李元徳 241

はじめに
一　徴用判決の反響及び事態の深刻性 …… 244
二　大法院判決に至るまでの歴史的経緯 …… 249
三　ドイツの事例検討—戦後補償政策と国外強制動員被害者の対処 …… 255
おわりに——どう解決するか …… 263

編著者略歴　273

第一章　日韓関係の定立と反定立
――ジョン・フォスター・ダレスの信念(1)

金崇培

はじめに

国際政治において、一人の人間が独断的に全てのことを決定することは難しい。しかし、国際関係における政治現象には、人間の判断や決定が作用している。そのため、国際関係における人間の思想闘争や競合は、国際政治史の脈絡から照査する必要がある。ある人間の認識を考察することは、国際政治で主語として使用される「国家」や「地域」の属性を把握するためにも、その中心軸に立っている「人間」に対する省察から始めることに意味がある。

本稿は、アジア太平洋戦争後における日韓関係の誕生に大きく関わったジョン・フォスター・

ダレス（John Foster Dulles, 1888－1959）のキリスト教精神と反共主義によって形成された「信念」を考察するものである。

国家の信念体系は国際体制に対する認識、外交政策の選択範囲、持続性、合理化、国民の団結力など、多方面に影響を及ぼすとされる。[2] しかし、国家に信念があるならば、それは結局のところ国家の構成員によって形成される。また、人間にはある事象を「知覚（perception）」し、「濾過装置（filter）」を通じて「認知（cognition）」するという一連の過程[3]があるならば、信念は内面化されるものである。信念とは、知覚または認知のように、段階的過程の方向性や決められた配列構造によってのみ決定づけられるのではなく、理念と経験が蓄積された人間が持つことができ、人間の中心軸を支える要素でもある。そして、信念は人間の力を超越した存在と結び付いた時に自己基盤をより強化させる。

一九五〇年四月、ダレスはトルーマン（Harry S. Truman, 1884－1972）政権において、アジア政策ならびに対日講和条約のための首席顧問に任命された。ダレスは一九五一年九月八日に調印されたサンフランシスコ平和条約と日米安全保障条約の実務者でもあったため、日米関係の指針に大きく関与した。それは、「ダレスの世界」または「ダレスが作った世界」と表現することもできる。[4] 平和条約と安保条約を中心に形成されたサンフランシスコ体制は、冷戦秩序を支える体制でもあった。そしてサンフランシスコ体制は冷戦初期の日韓関係を規定しただけでなく、現在もなお存続している。

ダレスは米国の外交政策において重要な役割を担ったため、数多くの研究が蓄積されている。とくに、アイゼンハワー（Dwight D. Eisenhower, 1890－1969）政権において、一九五三年一月から一九五九年四月まで国務長官を務めたダレスに焦点を合わせたものや、ダレスの人生を包括的に描写した伝記などがある[5]。

本稿は、ダレスの信念を中心に日韓関係の方向性を規定したサンフランシスコ平和条約だけでなく、ダレスに影響を与えた人物や、米国の時代精神を検討することで、ダレスが作った冷戦初期の日韓関係の構造を明らかにする。ダレスは、米国、ヨーロッパ、日本、そして韓国の国際的位置においても決定的な役割を担った。そのため、ダレスを取り巻く前史から、サンフランシスコ平和条約の誕生までを主な研究範囲とする本稿では、特に一九五〇年に出版されたダレスの著作である『戦争か平和か』（『War or Peace』）を集中的に分析する。これはダレスの回顧録ではないが、過去に関する回想も含まれている。過去に関する記憶は、しばしば美化されたり、過剰な部分もあるという点に留意する必要がある。しかし、一方でそれは著書が出版された時の執筆者の認識としてみた場合、有益に活用することもできる。何よりも『戦争か平和か』は、一九五〇年六月二五日に始まった朝鮮戦争の直前に出版されたこと、つまり一九五二年四月のサンフランシスコ平和条約発効の前に刊行されたことを鑑みると、これから起きる戦争と平和条約に対するダレスの信念を、より鮮明に把握できるという利点がある。[6]

一　外交経験の原点とヴェルサイユ平和条約

一八八八年に出生したダレスは、ヨーロッパの諸問題に比べ、東アジア地域については知識と経験という意味で相対的に疎かったが、それでも青年期に東アジアを経験していた。第一に、自身の名前の由来でもある外祖父ジョン・ワトソン・フォスター（John Watson Foster, 1836－1917）の存在が大きい。フォスターはメキシコ、ロシア、スペイン大使を歴任し、ハリソン（Benjamin Harrison, 1833－1901）政権においては短期間ではあったが、一八九二年六月から翌年二月まで国務長官を務めた。[7] その後、フォスターは李鴻章（1823－1901）の政治顧問として、日清戦争後における日本と清の講和内容を調整する役割を担った。フォスターは、米国が一八九九年に宣言した門戸開放政策（Open Door Policy）の前に、すでに中国の市場に対する重要性を認識していたが、それは米国の独占的な影響力を行使することではなく、列強との均衡を維持しながら、米国が中国の市場に介入することができる余地を確保し、日本の独占的進出を抑えようとした。フォスターは中国に対する米国の通商・産業的利益の礎を築いた。[8]

第二に、フォスターの東アジアに関する著作である。一九一八年、フォスターの遺作でもある『War Stories for My Grandchildren』は表題からわかるように、孫に対し南北戦争の影響と自身の人生に関するメッセージを叙述したものである。祖父と孫は、書物を通じても緊密につながっていた。[9] その関係性から推測すれば、ダレスは一九〇三年に刊行されたフォスターの『American Diplomacy in the Orient』も読んだであろう。二十世紀初頭の米国において、東アジアに関する研究書が不足していた中、その著作は注目を浴び、フォスターの権威も認められるようになった。[10] フォスターは米国が東アジアにおいて後見人のような役割を担うことを強調していた。

米国は中国、日本、韓国、シャムの政府に接触するが、遠い国に対し領土を拡張する計画はない。米国が唯一望むことは、貿易関係の成立を通じた相互利益とキリスト教文明の勢力を拡大することである。[11]

米国はアジアの勢力である。よって、拡大した利益を保護する新しい義務が生じた。…世界に自由市場を提供し、東洋の人々にキリスト教文明の恩恵を与えることが、米国の任務である。[12]

フォスターは西洋の国際法を東アジアに適用させることや、米国の役割が市場進出とキリスト教文明の伝播であると述べ、東アジア圏における米国の介入を正当化した。また、フォスターはモンロー・ドクトリンの歴史的変遷を考察することで、その原理を「自己防衛の権利」と定義し、それが国際法による平和と安全の確保につながるとした[13]。

第三に、ダレスの外交経験の始まりは、米国の提唱によって一九〇七年に開催された第二回ハーグ平和会議であった。ダレスはフォスターの秘書としてハーグ平和会議に参加した。当時、フォスターがダレスを同行させた理由は、ダレスが国際言語であったフランス語を使えるためでもあった[14]。さらに、フォスターの紹介によって、ダレスは清の代表団の外交儀礼と通訳に従事することとなった[15]。この平和会議では、次回の第三回ハーグ平和会議を一九一五年に開催するとしたが、これは一九一四年に勃発した第一次世界大戦のため実現されなかった。しかし、一九一八年一一月一一日にドイツと連合国の休戦協定を経て、翌年一月一八日から始まったパリ講和会議は、実際に起きた戦争を公式的に終結させる平和条約のための「平和会議」として開催された。

パリ講和会議では、民族自決、領土問題、国際連盟の創立などが議題として取り上げられたが、ドイツに対する戦争責任の糾明と賠償問題が最も大きな比重を占めた。大戦の最中である一九一八年一月八日にウィルソン（Thomas Woodrow Wilson, 1856－1924）が発表した「一四カ条の平和原則」では、被害国復興の必要性を強調しドイツの賠償責任を述べられたが、二月一一日の米国議会においてウィルソンは講和会議を念頭におきながら、ドイツとオーストリア＝ハンガリー帝国に領土併合、賦課金、懲罰的政策を行わないとした。[16] しかし、最終的に連合国はドイツに懲罰的な賠償を要求するに至った。ヴェルサイユ平和条約の特徴は、敗戦国ドイツに対する厳格的な懲罰にある。また、ヴェルサイユ宮殿にて平和条約が署名されたことは、とくにフランスのドイツに対する報復が強く反映された。一八七〇～七一年の普仏戦争で勝利したプロイセンのヴィルヘルム一世（Wilhelm I, 1797－1888）は、ヴェルサイユ宮殿で戴冠式を行い、統一ドイツ帝国の誕生を宣言した過去があった。たしかに米国がヴェルサイユ平和条約の作成を主導したが、そこにフランスの意図が組み込まれた。

ヴェルサイユ平和条約第二二七条には、ドイツ皇帝ヴィルヘルム二世（Wilhelm II, 1859－1941）の訴追条項が規定され、第二三一条（War Guilt Clause）は連合国とその国民全ての被害と損害が、ドイツとその同盟国にあるとした。当初、ウィルソンは戦争での違反行為に対してのみ、賠償を考慮していた。しかし、第二三一条には賠償金額が明記されなかったとはいえ、法的根拠を規定することでドイツに対し国家としての責任を求めた。第一次世界大戦はドイツが引き起こしたものであり、それによる全ての戦争の被害と損害もやはり、ドイツが責任を負わなければならないということだった。ダレスはこのような賠償条項の作成に携わっていた。

弁護士の資格を持つダレスは、講和交渉委員会の諮問委員と最高経済委員会の委員を兼ねた。ダレスによる賠償条項の草案には、ドイツの責任によって生じた民間人の被害を明記し、法的根拠とともに道徳的観点が含まれていた[17]。財務次官補であったデイヴィス（Norman Davis, 1878－1944）も戦争による全ての道徳的責任がドイツにあり、連合国の財産とその国民に対する法的責任があるとした。これが第二三一条の原型となった[18]。

ヴェルサイユ平和条約の賠償問題と関連して、ケインズ（John Maynard Keynes, 1883－1946）は最も言及されてきた人物であろう。ケインズはイギリス代表団の一員としてパリ講和会議に参加し、連合国のドイツに対する過酷で懲罰的な賠償要求に疑問を提起した。ケインズは、対立を調和に移行するためには経済が重要であり、戦争の原因も経済的な問題に起因するため、経済自体が政治的調和を促進するとした。その考えは、一九一九年一二月に出版された『平和の経済的帰結』（『The Economic Consequences of the Peace』）によって明確にされた。つまり「この本を通じて明らかにしようとする私の意図とは、カルタゴ式の平和（Carthaginian Peace）が、実際に正しくもなく、可能なものでもない」ということだ[19]。ケインズはドイツ問題がヨーロッパ全体の経済回復を停滞させるものと見ていた[20]。ケインズの論理は、ドイツに責任がないのではなく、賠償要求が広範囲にわたるため、ドイツの負担が過度に膨らむと憂慮した点にある[21]。ウィルソン、クレマンソー、そしてロイドージョージを批判したケインズは、パリ講和会議で議論される諸問題が多様な契約によって尊重され、また公平に扱われることで、人々の生活と傷が癒えるとした。つまり、「寛大さ」の必要性を軸に論じたのであった。[22]

このような主張に対する米国側の公式的な見解は、戦時産業局長官を務めたバルーク(Bernard Baruch, 1870－1965)による『賠償問題と条約の経済的側面』に求めることができる。この著書はケインズの指摘やヴェルサイユ平和条約の批判者たちに反論したものである。ただ、著者は、名目上バルークではあったが、実際はパリ講和会議に関与した実務者たちによって作成され、そのなかでもダレスの関与は相当なものであったとされる。[23]ダレスはドイツに対する賠償要求だけでなく、ヴェルサイユ平和条約の正当性を主張した中心人物でもあった。[24]その著書では、ヴェルサイユ平和条約の全てがウィルソンの望むようにはならなかったが、復讐的な要素を最小限に留めたため、ウィルソンが抱いていた最終目標は達成できたと述べられた。[25]

ヴェルサイユ平和条約では賠償金額が規定されなかったが、ドイツの戦争責任と賠償責任の法規範が明文化された。デイヴィスとともに、第二三一条の原型を作ったとされるダレスにおいて、ドイツに対する道徳性の問題とは、「ドイツが始めた戦争」にあったのだ。[26]法律家でもあったダレスは、賠償条項がドイツの責任を法的に立証し、全体的に公平な平和条約であると考えたのである。[27]

二　キリスト教精神と反共主義の結合

国際政治史の時代区分において、一九四五年は第二次世界大戦およびアジア太平洋戦争の終戦という側面から重要な転換期であろう。転換期とは、それ以前の時代にあった基本構造の継続性よりも、大きな変革を強調する傾向がある。しかし、時間が表象する過去と現在の連続性から人間は完全に自由ではない。冷戦の始まりとは、戦時に協力関係を有していた米国とソ連が、一九四五年前後から亀裂が生じた時代性を重視する。しかし、冷戦が米国とソ連をそれぞれ盟主とするイデオロギーの対決という観点は、一九一七年のボルシェビキ革命によって誕生したロシア的理念と米国的理念の対立を再確認させるものである[28]。冷戦は、異なる思想間の衝突であり、それを表出する者たちの対立でもあった。ウィルソンとレーニン（Vladimir Lenin, 1874－1924）の対比的、競争的認識に対する強調[29]は、権力の構造と形態を分析する政治学的見地から有益である。冷戦という用語が使用されたのは、主に第二次世界大戦直後であったが、共産主義に対する警戒と敵対心は一九四五年以前から存在していた。

ダレスの『戦争か平和か』第一章は、「危機（The Danger）」から始まっている。第二次世界大戦は終結したが、ダレスは冷戦という緊迫した状況のなかで、戦争が回避できるとしながらも、次のような観点を提示した。第一に、あるがままの危機を観察すること。第二に、現存する優れた政策を理解し支持すること。ただし、第三に、今日における不十分な政策を点検することで完璧な政策を遂行すること。そして、第四に、「精神的な力」を養う必要性を主張し、さらには米国人にとって重要な政治的、宗教的財産でもある個人の自由を否定する大国「ロシア（ソ連）」の支配力に対抗することで平和を成し遂げる努力の必要性を主張した。[30] ダレスは第二章「己の敵を知れ（Know Your Enemy）」において、スターリン（Joseph Stalin, 1878–1952）による『レーニン主義による諸問題』（『Problems of Leninism』）を中心に、スターリンの認識と神を否定するソ連共産主義の無神論的思想を批判した。第三章の「目標（The Goal）」では、「国際的変化を平和的に進めることができる状態」を「平和」と定義し、暴力による解決を否定した。[31] ダレスは自身の平和論に関する方法・目的を、共産主義の暴力性と対比させていった。また、ソ連は欺瞞、陰謀、市民的暴力を行わないと主張する者に対しても辛辣に批判した。[32] ダレスがこの著書で一貫して主張したのは、第一一章「精神的に必要なもの（Our Spiritual Need）」と、第一二章「結論」で、再び強調したように精神的なもの、つまり「信仰（faith）」の重要性であった。米国には信仰が必要であり、これが米国の繁栄をもたらしたと力説した。

米国は人間の自由のため、ある一つの実験として建国された。多くの制度は、建国者たちの信仰が反映されている。つまり、人間というのは、神によって起源と運命を持つことになり、絶対的な権利が与えられ、道徳律によって規定された義務が生じるようになった。人間がつくる制度は、人間を助け、神が与えた可能性を発展させなければならない[33]。

ダレスのキリスト教精神と米国の伝統的外交精神は軌を一にするものであった。神によって卓越した国を建設するという信仰は、一七六〇年代以降、ベンジャミン・フランクリン（Benjamin Franklin, 1706－1790）やジョン・アダムス（John Adams, 1735－1826）にも共有されていた。また思想連鎖として、一八四〇年代にはマニフェスト・デスティニーという用語が使われるようになった[34]。これは、米西戦争やハワイ併合の際に正当化され、宿命がすでに神によって予定されているという米国人の宗教観と調和した。そしてマニフェスト・デスティニーもまた、モンロー主義と連動されていった。米国の外交方針でもあるモンロー・ドクトリンはジョン・クィンジー・アダムズ（John Quincy Adams, 1767－1848）が起草し、一八二三年の年次教書にて第五代大統領モンロー（James Monroe, 1758－1831）が発表した外交姿勢である。その後、一八四五年に第十一代大統領ジェームス・ポーク（James Polk, 1795－1849）はモンロー・ドクトリンを米国の外交政策の基本原則とし、一方でマニフェスト・デスティニーと同一視した[35]。

モンロー・ドクトリンという外交方針は、米国の地政学的位置、ヨーロッパとの関係性、そして宗教観などによる融合的思想として昇華されていった。

ダレスも、このような米国の伝統外交の精神を継承していた。それは共産主義勢力の台頭と冷戦による新たな局面を迎えたことによって、顕在化されていった。『戦争か平和か』は、国際共産主義を意識したものである。ダレスは、米国の物質的な力が増大していることに比べ、精神的な力の脆弱性を憂慮した。

神と道徳律の存在を否定する物質主義、非宗教的社会は、神の愛と隣人愛に頼ることができない。そのような社会は自発的な統制よりも、むしろ政治的な強制力に依存するほかない。…我々は国として、依然と宗教的ではあるが、宗教的信仰と実践の関連性を喪失した。…一度、信仰と物事の関連性が途切れると、我々は全世界にわたって拡散できる精神力をつくりだすことができなくなる。

物質的な力とは、経済力や軍事力であり、それはソ連を象徴したものであった。よって、ダレスはそのような状況を打開するために、続けて次のように主張した。

我々は物質的なものが一次的であり、精神的なものが二次的とするマルクス主義のテーゼを拒否しなければならず、拒否することができる。奴隷状態と暴政は、それが都合よく見えたとしても、決して正当化することはできない。我々は人間の自由が優先的であるという信仰を、もう一度持つ必要があり、人間は物質の生産者以上になるよう神によって運命付けられている。そして人間の主要な目的は、物質的な安全以上のものであるという宗教的見解を持たなければならない[36]。

ダレスは共産主義勢力を「敵」、「物質的」、「無神論」と規定し、これと異なる米国、つまり「我々」は「精神的」、「宗教」的な面の強化が必要だと述べた。『戦争か平和か』は、ダレスが自身の外交経験を下地にし、さらに国務長官就任を予期しながら書かれたのである[37]。ダレスの主張は、米国民の支持を意識し鼓舞する意図があった。

冷戦以前に、米国とロシア（ソ連）をそれぞれ象徴する理念を有していたウィルソンとレーニンは、一九二四年に死去した。二人の死により、レーニンの後継者としてスターリンが台頭した。一方、国際連盟を国際連合として発展させたルーズベルト（Franklin D. Roosevelt, 1882–1945）は、ウィルソンの後継者であった。しかし、ダレスもまたウィルソンの後継者であった。ウィルソンは、一九二三年に「革命から遠のく道」（「The Road Away From Revolution」）という短い論考を残した。一九一九年よりも共産主義勢力が拡大する一九二三年においてウィルソンは、ロシア革命を資本主義に対する反発であり、その非理想的な革命に対し、未だ民主主義は世界を安全な状態にしきれていないと述べた[38]。

ダレスは、共産主義を批判したウィルソンの主張を継承している。一九〇四年にプリンストン大学に入学したダレスは哲学を専攻したが、当時教授であったウィルソンの米国政治論を聴講しており、政治学に深い関心を持つようになった[39]。反共主義の色彩が強い『戦争か平和か』では、一九二三年に書かれたウィルソンの論考が共産主義の革命的原理の危険性を主張したものとして紹介された。ダレスはウィルソンの論考から次の部分をそのまま引用した。

全ての問題を要約するなら、我々の文明は精神的に救済されなければ、物質的に生き残ることはできない。…ここに我々の教会に対する、我々の政治組織に対する、我々の資本家に対する—神を敬い、あるいは自分の国を愛する全ての人々に対する—最後の挑戦がある[40]。

ダレスのキリスト教精神には、反共を掲げた韓国のキリスト教系列も共鳴した。一九五九年、ダレスの死去に関し『基督教思想』では、「ダレスの死」という追悼文が掲載された。ダレスが米国の平和だけでなく、全世界の平和を望んだと評価し、ダレスの精神を韓国の指導者だけでなく、全ての人々が学ぶべきものとした[41]。そこには、ダレスの宗教性が述べられているだけで、共産主義や反共という言葉はない。しかし、一般的に韓国のキリスト教系列が反共であった点を考慮すれば、「ダレスの死」は宗教性のある人物を失ったとともに、強力な反共主義者を喪失したという慰霊の意思表示として捉えることができる。当時、多くの韓国キリスト教系列が米国の政策を支持していた。それは、米国が神とキリスト教を否定する共産主義と対決していたためである[42]。

米国の外交政策には神の加護があるという精神世界があり、ダレスも同様であった。神と宗教を否定する共産主義に対抗するため、ダレスの信念は時代とともに強化されていった。ダレスは米国の伝統性を温存しながら、確固たる反共主義者として冷戦秩序に登場したのである。

三　大韓民国とサンフランシスコ平和条約

1　韓国の国際的承認

一九四七年一〇月、米ソ共同委員会が決裂すると、米国は朝鮮半島問題を国際連合に移管した。一一月四日、国連総会は「朝鮮（Korea）」の独立問題に関する決議一一二（Ⅱ）を採択し、これを根拠に国連の管理下において一九四八年五月一〇日に単独選挙が南朝鮮で実施された。以降、南朝鮮では、七月一〇日に憲法が制定され、八月一五日に大韓民国の「誕生」が宣言された。初代大統領の李承晩（1875－1965）は、韓国の国際的承認を得るために張勉（1899－1966）を首席代表とする韓国代表団を、第三回国際連合総会が開催されるパリに派遣した。また、李承晩は趙炳玉（1894－1960）を大統領特使に任命した。韓国の国際的承認のために趙炳玉を海外諸国に派遣することで、韓国政府に対する支持を得るためであった。趙炳玉は、金佑枰、鄭一亨を随行員として任命し、金俊九を秘書とした。[43] 一行は、日本、中国、フィリピン、米国、カナダ、イギリスを歴訪した後、パリで張勉、張基永、全奎弘、金活蘭などで構成された代表団と合流した。[44] 一二月一二日、パリのシャイヨ宮にて第三回国連総会が開催され、賛成四八票、反対六票（ソ連の三票とチェコスロバキア、ポーランド、ユーゴスラビア）、棄権一票（スウェーデン）の結果、韓国の国際的承認は決議一九五（Ⅲ）によって採択された。

その背景としては、米国の支持とダレスによるところが大きい。[45] ダレスは一九四六年から四九年まで、国連総会の代表であり、四八年からは米国代表団の議長を兼任していた。[46] 一九五九年のダレスの死去に対し、趙炳玉は当時国連での韓国承認を取り巻く激しい議論と、韓国に尽力したダレスについて回顧している。

とくにダレス氏は韓国において大恩人である。…当時、韓国独立承認案は国連総会閉会の四日前に上程されたが、共産ブロックはソ連代表のビジンスキー以下、衛星国家代表らが議事進行を妨害し、大韓民国を承認できないように遅延作戦を行ったのだ。したがって、当時ダレス氏は国連の政治委員会で共産ブロックの全ての代表者たちに向かってフィリバスター、つまり議事妨害をしてはならないと述べ、今回の国連総会において最も大きな使命の一つは、韓国独立案を承認することにあると力説したのだ。(47)

韓国の国際的承認を推進したダレスは一九五三年、米韓相互防衛条約において米国側の署名者でもあった。そのことも含め、張勉も趙炳玉と同様に、ダレスを「韓国の恩人」と称した。(48)ダレスは『戦争か平和か』の中で、「朝鮮」が一九四三年のカイロ宣言によって「やがて(in due course)」独立を付与することが決定されたと述べた。ヤルタ会談で「朝鮮」は非公式に信託統治となることが決定されたが、現実には一九四八年に独立国家となったと経緯を述懐した。その内容は次のとおりである。

国連委員会は朝鮮に行き、南側の調査を行う充分な機会を得た。しかし、ソ連地域でもある北側に入ることは許されなかった。南朝鮮は面積と人口の面において国の約三分の一を占めており、また、自由・公正な選挙を実施することができる状況であったため、選挙が行われたのだ。激烈な選挙戦後、住民の大部分が投票した。その結果として、樹立した政府が「合法政府」であり「唯一」の政府であることを国連総会は認定した。それが一九四八年一二月一二日、四八票対六票となったのだ。[49]

ダレスが著書で強調した「朝鮮」(Korea)における「合法政府(lawful)」と「唯一(only)」という文言は、決議一九五(Ⅲ)のことである。このような国連の承認から、米国は韓国政府に対し次のような政策を行うとした。

韓国に関して、我々はこの地域を占領し、主要な後援者として、独立へと移行させたという事実に対する責任がある。…我々が助勢した、この新興国家が世界で生き残るためには、継続的な経済援助と軍事援助が必要である。[50]

ただし、ダレスは韓国に対する支援の必要性を述べながらも、東アジアにおいて最も重視したのは日本であった。元来、ダレスは米国の外交政策の基盤が伝統的に中国との友好関係にあったとしたが、中国とソ連の同盟関係によって、アジアと太平洋地域における米国の戦略的転換の必要性を主張した[51]。過去、米国は中国中心の政策を取ってきたが、中国の共産化は米国の認識と政策の修正を要するものとなったのである[52]。ダレスはアジア特有の宗教と文化を認める必要があるとした。たとえ、アジアがキリスト教的でなくとも、アジア人の信仰は決して共産主義の物質主義や無神論と調和することができないということである。ダレスにとって、米国とアジアの信仰は相互協調が可能であった。その中でも日本は米国にとってアジア外交の中心であった。

すでに米国は東アジアに特別な責任を持っている。アジアならびに太平洋地域に影響を与える模範を示すことにより、失われつつある名誉を回復することができる。そのような点において、米国の特別な機会と責任の対象となるのが日本である。我々はアジアの、ある自由社会がどのように知的な豊かさと物質的幸福を開発することができるのか、日本を援助することによって模範を示すことができる。…もし我々が日本を助け、日本の物質的、精神的に必要なものを満たすことができるならば、それがアジアと太平洋全域に影響を与えることになるであろう[53]。

一九世紀から続く中国を中心とした米国の東アジア戦略は、冷戦によって日本へと移行したのであった。

2 サンフランシスコ平和条約の誕生

ダレスは第一次世界大戦でのヴィルヘルム二世、第二次世界大戦におけるヒトラー（Adolf Hitler, 1889－1945）とムッソリーニ（Benito Mussolini, 1883－1945）、そして昭和天皇（1901－1989）の名前を挙げ、それらが戦争初期に軍事的成功を収めたが、最終的に敗退したと総評した。[54] しかし、ダレスは言及しなかったが、ヴィルヘルム二世は一九一八年一一月にオランダへと亡命したため、裁判を受けることはなかった。第二次世界大戦末期ではヒトラーが自殺し、ムッソリーニはパルチザンによって処刑された。しかし、昭和天皇の場合、国体護持と米国の外交方針によって戦後を迎えることとなった。

ダレスは一九三九年にジェノバで開催された国際キリスト教会議において、米国教会を代表し、教会による世界平和を主唱したことがあった。ダレスは国際キリスト教会議が創設した「公正で永続的な平和（just and durable peace）委員会」の議長に就任した。[55] この時、ドイツと日本を「邪悪な信仰（evil faiths）」を持った国家として敵視したが、冷戦の激化とともに日本の再生を支持するに至った。一九四八年には極東国際軍事裁判（東京裁判）が終了しており、対日講和条約でも天皇の戦争責任が明示される可能性はほぼない状況であった。サンフランシスコ平和条約はヴェルサイユ平和条約と異なり、国家の首班に対する戦争責任を規定しなかったが、日本の指導者らに対する裁判を行い、これに関する内容がサンフランシスコ平和条約第一一条に規定された。

一方で、サンフランシスコ平和条約第一四条は賠償条項を規定し、日本が連合国に賠償を支払うことを承認したが、日本の「存立可能な経済を維持」するためには「責務を履行」が「現在充分でない」とされた。サンフランシスコ平和条約が「寛大な講和」とされるのは、賠償問題が関係している。

ダレスは「戦後と解放後の日韓関係」に影響を与え、複雑な様態を呈する平和条約第四条、つまり一九五一年から予備交渉が始まった日韓交渉で論議された「請求権（claim）」問題の条文に関する最終決定者である。明らかにダレスはヴェルサイユ平和条約を意識していた。ヴェルサイユ平和条約と関連づけながら、賠償とは戦争で使用された戦費の獲得を最も優先すべきであり、過度な賠償要求は相手側に復讐心を抱かせるとした。米国は日本と安全保障条約の締結を準備しているため、同盟締結国に対する賠償は葛藤を引き起こす要因となると考えた[56]。反共主義者であったダレスにとって、サンフランシスコ平和条約締結で最も重要であったのは、日本との安保条約であり、日本国内における米軍基地の設置であった。

実際に対日賠償に関するダレスの認識は、一九五一年三月三一日にカリフォルニアのウィッティアカレッジ（Whittier College）での演説を通じて知ることができる。[57] ダレスは侵略行為を行った日本が被害国に賠償することは、元来、正当なことであるが、賠償は「単純に正義の問題でなく、悲惨な結果を招くことがないように、経済的にどれほど実行」できるのかが重要だと述べた。よって、対日講和条約は「和解」と「信頼の講和（peace of trust）」でなければならないとした。[58] イギリスは対日講和条約の起草過程で米国が主導した寛大な賠償に懐疑的であったが、ダレスはポツダム宣言第一一項[59]を強調した。つまり日本に対しては産業の維持が可能であること、また将来において国際貿易体制に復帰できるということである。そしてダレスは対日講和条約が「カルタゴ」式のようになってはならず、国際社会に敗戦国を復帰させることや、平等性と威信を考慮する必要性を説いた。一九一九年のパリ講和会議で米国代表団の一員であった経歴を披露したダレスは、ヴェルサイユ平和条約がウィルソンの希望と、クレマンソーのドイツに対する恐怖と憎悪が入り混じったものとなったため、これを屈辱としたドイツではナチスが登場したと言及した。ヴェルサイユ平和条約は自由主義と非自由主義的な原則が混在した妥協的な平和条約であったと述べた。[60]

ダレスのサンフランシスコ平和条約に関する最終的な説明は、一九五一年九月に開催されたサンフランシスコ講和会議の演説に表れている[61]。まず、九月四日の講和会議開会におけるトルーマンの演説は次の通りだ。

この会議で我々が担った任務は、日本と平和条約を締結することである。これは太平洋全体の平和に向かうための大きな一歩となる。取らねばならない処置はこのほかにもある。最も重要なのは日本が国際社会(the family of nations)における場所を得ることであり、それとともに朝鮮の人々が安全と自由、統一を成し遂げれば、現在の平和を威嚇する太平洋、その他の諸問題にも解決の道を探し出すことが充分可能となる[62]。

サンフランシスコ平和条約を取り巻く権力構造において、米大統領の言及は注目すべきであろう。トルーマンは朝鮮の安全、つまり朝鮮戦争が行われている朝鮮半島の安全と日本の国際社会復帰を結び付けている。トルーマンは主権を回復する日本と日米安全保障条約を締結することで、朝鮮戦争の変化を望んでいた。また、トルーマンは自身の要請によって、ダレスが各政府と対日講和条約に関する交渉を行ったと述べ、その手腕を高く評価した。

翌五日、ダレスは講和会議においてサンフランシスコ平和条約の内容とその意味を説明した。「朝鮮は一九〇五年から日本の統治下に置かれた(Korea, under Japanese control since 1905)」

と述べたダレスは、サンフランシスコ平和条約に規定された「朝鮮」と「大韓民国」を区別しながら、平和条約第二一条の説明を行った。

第二一条は朝鮮（Korea）のための特別規定である。大韓民国（Republic of Korea）は朝鮮が日本と戦争をしなかったという理由のため、平和条約に署名できない。朝鮮は悲劇的にも、戦争が起きるずっと以前から独立を喪失し、日本が降伏した時まで独立を回復することができなかった。多くの朝鮮の個々人が日本と戦った。しかし彼らは個別的であって、承認された政府ではなかった[63]。

全二七条から構成されたサンフランシスコ平和条約には英語で「Korea」、日本語では「朝鮮」という名称が三回ほど明記されているが、そのうち二回は平和条約第二条の領土関連である[64]。残りの一つが第二一条であり「朝鮮は、この条約の第二条、第四条、第九条及び第一二条の利益を受ける権利を有する」とされた。そしてダレスの次のような言及は、戦争の最中であった朝鮮半島に関する状況と北朝鮮の存在を述べたものである。

朝鮮は不幸にも、半自由（half free）、半独立（half independent）に過ぎず、断片的な自由ならびに独立さえも、北側（North）による武力侵攻によってひどく毀損され脅威に晒されている。

朝鮮半島は完全な一つの自由独立国家でないこと、「断片的な自由ならびに独立」国家である韓国が、北朝鮮による攻撃を受けているということだ。続いて、ダレスは韓国と日本間の植民地問題に関連する財産問題について言及した。

この条約によって連合国は朝鮮（Korea）のため、朝鮮の独立に対する日本の公式的承認と朝鮮における日本の財産の相当部分を大韓民国（Republic of Korea）に帰属させることに関して、日本の同意を得る。

朝鮮半島における「合法政府」および「唯一」の政府とした「大韓民国」と異なり、ダレスは一度も「朝鮮民主主義人民共和国（Democratic People's Republic of Korea）」の名称を述べることはなかった。平和条約の意味を説明したダレスは賠償問題が平和条約締結において、つねに論争になることを認めながらも、これから米国は日本を援助し多くの経済的負担を背負うことになるため、日本が自立できるよう希望するとした。

サンフランシスコ平和条約と過去の歴史的平和条約が最も異なる点は、共産主義勢力に対する脅威認識であり、イデオロギーの時代に誕生したことにある。よって、冷戦の影響からサンフランシスコ平和条約が日本に寛大であった指摘もまた正しい。それでも、大国間が戦争を起こせなかったという「冷戦」と、イデオロギーの物理的衝突として具現化された朝鮮戦争という「熱戦」の中において、サンフランシスコ平和条約が誕生したことを、ダレスは示唆した。

…もし、この平和条約が日本に金銭的賠償請求の効力を認めるならば、日本の通常的な産業の信頼性が損なわれることになり、日本国民への動機付けも失われるであろう。そして肉体的、精神的な悲劇に陥り、その結果、搾取の犠牲者となる。我々が朝鮮で見たように、全体主義の扇動家はすでに侵略者となった周辺の助力を得ることで、新しい攻撃を通じ、必ず救済を保障しようとしてくる。

このようなダレスの言及は、共産主義、安保、賠償、そして朝鮮半島と日本の関係性を連続的に捉えている。金銭賠償方式は、日本の経済的自立に悪影響を及ぼす。そして日本に経済的困難が生じると「全体主義」、つまり共産主義勢力の犠牲となる。このことから日本に対する賠償問題は朝鮮戦争と関連しており、日本に厳格な賠償を実施することは「今の朝鮮半島」と

「未来の日本」が重なるものでもあった。

最後に、戦争と平和、自由主義陣営と共産主義陣営という二項対立の観点を持つダレスにおいて、日本が朝鮮半島を支配したという過去の事実、つまり植民地問題に関する省察はなかった。ダレスの植民地に対する考えは『戦争か平和か』の第七章「植民地発展対暴力的革命」にある。ダレスはソ連が共産主義による政治宣伝や活動による暴力革命によって発展したこととは異なり、キリスト教の信仰は物質的な自己利益を制約し調整することで、個々人が善行を行えるとした。それは西洋の植民主義が宗教と経済的・社会的哲学によって「自己清算的特長(self-liquidating feature)」を持っているためだとした。ダレスは国連憲章にある信託統治に肯定的であり、その統治方式の効果は「自己清算的特長」を含む西洋キリスト教によるものだと評価した[65]。そして、古代西洋の帝国による植民地制度は、物質的なものを志向したため文明が崩壊したが、現在の西洋文明と古代文明との相違点は「宗教」にあるとした[66]。

おわりに

一九六五年、日本と韓国は国交を正常化した。これは「一九六五年体制」とも言われている。しかし一九六五年体制という国際政治学的な概念名称が成立するならば、それに先立ち「一九四八年体制」と「一九五一年体制」を指摘する必要があるだろう。一九六五年の日韓基本条約前文には、一九五一年九月八日に締結されたサンフランシスコ平和条約と一九四八年一二月一二日の国連総会で韓国の国際的承認を採択した決議一九五（Ⅲ）を「想起」するとある。一九六五年の日韓関係は一九四八年に誕生した主権国家と一九五一年に主権が回復した国家によって成し遂げられた。ダレスはこの政治領域における主要な行為者であった。

ダレスが日米関係やサンフランシスコ平和条約の貢献者であったという観点は、ダレスが冷戦初期の日韓関係をつくったという巨視的観点を見落とすことになる。ダレスは韓国の国際的誕生の推進者でもあった。アジア太平洋戦争を公式に終了させ、あたらしい「平和」を形成するサンフランシスコ平和条約は冷戦の影響下で誕生したが、朝鮮半島での「熱戦」はこの平和条約に内在された権力構造を形作った。ダレスはサンフランシスコ平和条約に朝鮮戦争の意味を投影した具現者でもあった。

「同盟狂(pact mania)」であり、反共主義者として知られているダレスの信念は『戦争か平和か』で強調されたように、共産主義勢力に対する戦略に大きな比重を置いている。ダレスは精神的な力の源泉であるキリスト教信仰を信念としていた。これは神と宗教を否定する共産主義勢力に対抗するために必要なものであり、冷戦の激化とともに際立っていった。

ダレスは外祖父フォスターを通じて中国を経験することになったが、中国の共産化によって日本中心の東アジア地域秩序を重視し始めた。日本はキリスト教精神を持つ国家ではなかったが、どのような国家であっても固有の宗教精神をもつことができるならば、共産主義を拒否することが可能であり、米国と相互協力関係を構築できると考えていた。一方、ダレスは韓国に対しても援助を通じ、同じ陣営として導こうとした。このような米国の後見的役割の強調は、一九世紀末にあった米国の時代精神と似ている。

しかし、ダレスの反共キリスト教主義による信念は、植民地問題に対する省察の欠如とも無関係ではなかった。ダレスの「平和」に対する考えは「戦争」と関係したが、それは「植民地」の問題ではなかった。そのようなダレスの信念から見て、反共主義と結合したキリスト教精神ならば、日米関係よりも米韓関係に親和性があるように考えられる。しかしキリスト教には植民地問題に対する「自己清算的特長」があるとしながらも、近代植民地に関しては疎かった。植民地問題に対するダレスの認識は植民地経験国家である韓国よりも、日本を重視した。結局のところ「戦争」と「植民地」が同一線上の問題ではなかったという認識は、当時の国際政治においてダレスもまた例外ではなかった。

ダレスは日本と韓国の主権問題に大きく関与した。両国が後に主権国家間による日韓交渉を始めたことを見れば、ダレスは主権国家間における日韓関係の「定立」に携わったのだ。ただし、それは植民地問題に対する省察がなかったという認識と時代背景において、米国外交の守護者であり執行者でもあったダレスは「前帝国」と「前植民地」間の「遺産関係」が持続する日韓交渉という「後史」を「反定立」させることになった。

【注】

（1）本章は「존 포스터 덜레스(John Foster Dulles)의 신념과 한・일관계의 양가성〔ジョン・フォスター・ダレスの信念と韓日関係の両価性〕」、『국제정치논총〔国際政治論叢〕』第五七巻二号、二〇一七年、동북아역사재단 한일역사문제연구소 편〔東北亜歴史財団韓日歴史問題研究所編〕『한일협정과 한일관계―1965년 체제는 극복 가능한가?〔韓日協定と韓日関係―一九六五年体制は克服可能か?〕』東北亜歴史財団、二〇一九年で公表したものを本書の形式に合わせて編集したものである。

（2）Lloyd Jensen, Explaining Foreign Policy, Prentice-Hall, 1982, pp. 72-75.

（3）Valerie M. Hudson, Foreign Policy Analysis: Classic and Contemporary Theory, Rowman & Littlefield Pub., 2007, pp. 40-41.

（4）Kent E. Calder, Pacific Alliance: Reviving U.S.- Japan, Relations, Yale University Press, 2009, p.

27.

（5）当然、ダレスに関しては、英米圏を中心に研究されてきた。例えば、Fredrik W. Marks Ⅲ, Power and Peace: The Diplomacy of John Foster Dulles, Praeger, 1995. 日本での先行研究では、多くがサンフランシスコ体制との関連性から対象としている。ダレスの役割に集中したものとして、国務長官期における外交政策、日米同盟、民主主義、国際経済問題に対する認識などがある。近藤淳子「ジョン・フォスター・ダレスの未完の日米「相互防衛」条約」『山口県立大学大学論集』第六号、二〇〇五年。井口治夫「ジョン・フォスター・ダレスの外交思想―戦前・戦後の連続性」『同志社アメリカ研究』三四号、一九九八。韓国でのダレスに関する研究は、サンフランシスコ平和条約と関連する領土問題や、一九五三年の米韓相互防衛条約において米国側の署名者がダレスだったことから部分的ではあるが存在している。代表的なものとして、이완범［李完範］「이승만 대통령의 한미상호방위조약 추진배경과 협상과정［李承晩大統領の韓米相互防衛条約推進背景と協商過程］」김영호［金泳昊］他『이승만과 6・25 전쟁［李承晩と6・25戦争］』연세대학교출판문화원［延世大学出版文化院］、二〇一二年。

（6）一九五〇年に刊行されたダレスの著作は、一九五七年に改訂版が出版された。

（7）ダレスの家族史は外交と法律、そして宗教を特徴としている。フォスターとダレス、そしてダレスの叔父でもあるランシング（Robert Lansing, 1864–1928）は外交官であり、すべて国務長官となった。ダレスの弟であるアレン・ウェルシュ・ダレス（Allen Welsh Dulles, 1893–1969）は一九五三年から六一年まで中央情報局（CIA）長官であり、妹のエリノア・ランシング・ダレス（Eleanor Lansing Dulles, 1895－1996）も外交官であった。そしてフォスター、ランシング、ダレス、アレン・ダレスは国際法律事務所であるサリヴァン・アンド・クロムウェル(Sullivan & Cromwell) で法的知識と経験を積んだ。ダレスの父、アレン・マーシー・ダレス（Allen Macy Dulles, 1854－1930）は、米北部長老教会の牧師であった。また、ダレスの息子であるアベリー・ダレス(Avery Dulles, 1918－2008)は神学者であり、二〇〇一年に枢機卿となった。アベリーはプロテスタントの家庭で育ったが、ハーバード大学在籍中にカトリックへと改宗した。

（8）近藤淳子「ジョン・ワトソン・フォスターと下関条約」『地域文化研究』第七号、一九九二年、一四八～一五二頁。

（9）ダレスは少年期からフォスターと日常生活の中で、米国が直面している国際問題を討論していた。Allen Dulles, The Craft of Intelligence: America's Legendary Spy Master on the Fundamentals of Intelligence Gathering for a Free World, New American Library, 1965, p. 7.

（10）James Reed, The Missionary Mind and American East Asia Policy, 1911-1915, Harvard University Press, p. 92.

（11）John W. Foster, American Diplomacy in the Orient, Houghton Mifflin, 1903, p. 399.

（12）Ibid, p. 438.

（13）John W. Foster, A Century of American Diplomacy: A Brief Review of the Foreign Relations of the United States 1776 to 1876, The Riverside Press, 1900, pp. 445-456. 李承晩はプリンストン大学での博士学位論文をまとめ、一九一二年に出版したNeutrality as Influenced by the U.S. の

結論部分において、このフォスターの著作を引用した。李承晩は次のように指摘した。「一七七六年の米国の独立宣言は中立法の歴史上、新しい時代が到来したことを意味した。ジョン・フォスターによれば、米国は政治的成立初期から自由交易、真摯で本当の中立、戦時における私有財産への尊重、最も進歩した自然権と正義の観念などの擁護者であり、短い歴史のなかでも米国は持続的な主張を通じ、この高貴な原則を承認することで他のどの国よりも、とてつもなく大きな影響力を発揮してきた。主に、米国の影響を受け、解決された最も重要な点としては、独立の承認、中立国の領域への不可侵、中立交易の自由などが挙げられる」。이승만［李承晩］著、정인섭［鄭寅燮］訳、『이승만의 전시중립론—미국의 영향을 받은 중립［李承晩の戦時中立論—米国の影響を受けた中立］』나남［ナナム］、二〇〇〇年、一四四～一四五頁。そこから李承晩は、モンロー・ドクトリンを「米国の中立的立場を明確にしたものだ」とした。しかし、本文で提示したように、フォスターが述べたモンロー・ドクトリンとは、何よりも米国の平和と安全が最優先事項であった。李承晩の国際法的理想と米国の戦略的国益の帰結点は、一九四八年の大韓民国誕生と一九五三年の米韓相互防衛条約まで待つこととなった。

（14）John W. Foster, Diplomatic Memoirs Vol. 2, Houghton Mifflin Company, 1909, p. 212.

（15）John Robinson Beal, John Foster Dulles: A Biography, Harper & Brothers, 1957, p. 47.

（16）Woodrow Wilson, President Wilson's State Papers and Addresses: With Editorial Notes, a Biographical Sketch, an Introduction, s.n, 2012, p. 475.

（17）Ruth Henig, Versailles and After 1919-1933 2nd ed., Routledge, 1995, p. 21.

(18) Alan Sharp, The Versailles Settlement: Peacemaking After the First World War, 1919-1923, Palgrave Macmillan, 2008, pp. 90-91.

(19) John Maynard Keynes, The Economic Consequences of the Peace, Serenity Publishers, 2009, p. 27.

(20) ドイツに対する過酷さが、後の第二次世界大戦の原因とする見方があったため、ケインズの著書は多くの支持を集めた。一方で、ケインズの主張それ自体が第二次世界大戦の原因であったとする見解もある。ケインズの著書がイギリス人とフランス人に自責感と罪責感を植え付けたのであり、そのような心理がなければ、一九三〇年代後半のドイツに対する宥和政策も行われなかったとするものである。Étienne Mantoux; with an introduction by R. C. K. Ensor and a foreword by Paul Mantoux, The Carthaginian Peace or The Economic Consequences of Mr. Keynes, Charles Scribner's Sons, 1952, pp. 9-19.

(21) D. J. Markwell, "J. M. Keynes, Idealism, and the Economic Bases of Peace," in David Long and Peter Wilson eds., Thinkers of the Twenty Year's Crisis: Inter-War Idealism Reassessed, Oxford University Press, 1995, pp. 190-191.

(22) Keynes (2009), p. 21.

(23) Ronald W. Pruessen, John Foster Dulles: The Road to Power, Collier Macmillan, 1982, p. 516.

(24) Robert Skidelsky, John Maynard Keynes, 1883-1946: Economist, Philosopher, Statesman, Penguin Books, 2005. William R. Keylor, "Versailles and International Diplomacy," in Manfred F. Boemeke,

Gerald D. Feldman, Elisabeth Glaser eds., The Treaty of Versailles: A Reassessment after 75 Years, Cambridge University Press, 1998), p. 487.

(25) Bernard M. Baruch, The Making of the Reparation and Economic Sections of the Treaty, Kessinger Publishing, 2007, p. 6.

(26) Klaus Schwabe; translated from German by Rita Kimber and Robert Kimber, Woodrow Wilson, Revolutionary Germany, and Peacemaking, 1918-1919: Missionary Diplomacy and the Realities of Power, University of North Carolina Press, 1985, p. 246.

(27) M. A. Guhin, John Foster Dulles: A Statesman and his Times, Columbia University Press, 1972, p. 30. Margaret MacMillan, Paris 1919: Six Months that Changed the World, Random House, 2002, p. 193.

(28) Denna Frank Fleming, The Cold War and its Origins, 1917-1960 vol. 1., Unwin, 1968, p. 3.

(29) Arno J. Mayer, Political Origins of the New Diplomacy, 1917-1918, Yale University Press, 1959. William Appleman Williams, American-Russian Relations, 1781-1947, Octagon Books, 1971.

(30) John Foster Dulles, War or Peace, Macmillan, 1950, pp. 2-4.

(31) Dulles (1950), p. 19.

(32) Dulles (1950), p. 14.

(33) Dulles (1950), p. 254.

(34) マニフェスト・デスティニーという用語は、一八四五年にオサリヴァン（John L. O'Sullivan,

1813-1895）が北アメリカ大陸の西部地域に対する領土拡張を正当化するために使用した。Albert K. Weinberg, Manifest Destiny: A Study of Nationalist Expansionism in American History, Quadrangle Books, 1935, p. 24, 111. また、マニフェスト・デスティニーは神によって宿命が予定されているとして、明確に規定されていない地域に対する米国の新しい膨張主義の様相をあらわすものであった。これは、多くの米国人に魅力的にうつり、ある一つの運動形態ともなった。Frederick Merk; with the collaboration of Lois Bannister Merk, Manifest Destiny and Mission in American History: A Reinterpretation, Vintage Books, 1963, p. 24.

（35）Sam W. Haynes, "Anglophobia and the Annexation Texas: The Quest for National Security," in Sam W. Haynes and Christopher Morris eds., Manifest Destiny and Empire: American Antebellum Expansionism, Published for the University of Texas at Arlington by Texas A&M University Press, 1997, pp. 115-145.

（36）Dulles (1950), p. 259.

（37）Beal (1957), p. 20.

（38）Project Gutenberg Australia, http://gutenberg.net.au/ebooks03/0300991.txt ウィルソンのエッセイは翌年一九二四年に The Atlantic Monthly に掲載された。

（39）Pruessen (1982), pp. 9-13.

（40）Dulles (1950), p. 261.

（41）박창환［朴昶環］「덜레스의 죽음［ダレスの死］」『基督教思想』第三巻七号、一九五九年、

七～八頁。

(42) Kang Wi Jo、서정민［徐正敏］訳『한국 기독교사와 정치［韓国基督教史と政治］』한국기독교역사연구소［韓国基督教歴史研究所］、二〇〇五年、一二三～一二四頁。

(43) 조병옥［趙炳玉］『나의 회고록―개인보다는 당、당보다는 국가［私の回顧録―「個人よりは党、党よりは国家」］』선진［ソンジン］、二〇〇三年、二〇七～二一〇頁。

(44) 同書、二二五頁。

(45) 허동현［許東賢］「대한민국의 건국외교와 유엔(UN)［大韓民国の建国外交と国連］」『숭실사학［崇実史学］』第三〇集、二〇一三年、二六五～二六八頁。韓国代表団の一員であった鄭一亨によると、国連総会で韓国問題が上程されたのは、フィリピンの主席代表のロムロ（Carlos P. Romulo）、中華民国の蔣延黻、そして米国首席代表のダレスの強い支持があったとしている。정일형［鄭一永］『유엔의 成立과 業績［国連の成立と業績］』國際聯合韓國協會、一九五二年、八三頁。

(46) Biographical Directory of the United States Congress, http://bioguide.congress.gov/scripts/biodisplay.pl?index=D00052

(47)『東亜日報』一九五九年五月二九日付。

(48)『朝鮮日報』一九五九年六月一日付。

(49) Dulles (1950), pp. 47-48.

(50) Dulles (1950), p. 231.

(51) Dulles (1950), p. 176.

(52) Dulles (1950), p. 224.
(53) Dulles (1950), pp. 229-230.
(54) Dulles (1950), p. 240.
(55) John Foster Dulles et al., A Righteous Faith for a Just and Durable Peace, Federal Council of the Churches of Christ in America, 1942, p. 7.
(56) Seigen Miyasato, "John Foster Dulles and the Peace Settlement with Japan," in Richard H. Immerman ed., John Foster Dulles and the Diplomacy of the Cold War, Princeton University Press, 1990, pp. 193-194.
(57) Harry N. Scheiber, "Taking Responsibility: Moral and Historical Perspectives on the Japanese War-Reparations Issues," Berkeley Journal of International Law vol. 20 (2002), p. 242.
(58) このダレスの演説は以下の資料集から引用した。岡倉古志郎、牧瀬恒二編『資料沖縄問題』旬報社、一九六九年、四九九〜五〇六頁。
(59) ポツダム宣言第一一項は次のとおりである。「日本国ハ其ノ経済ヲ支持シ且公正ナル実物賠償ノ取立ヲ可能ナラシムルカ如キ産業ヲ維持スルコトヲ許サルヘシ但シ日本国ヲシテ戦争ノ為再軍備ヲ為スコトヲ得シムルカ如キ産業ハ此ノ限ニ在ラス右目的ノ為原料ノ入手（其ノ支配トハ之ヲ区別ス）ヲ許可サルヘシ日本国ハ将来世界貿易関係ヘノ参加ヲ許サルヘシ」。
(60) 岡倉古志郎、牧瀬恒二　前掲資料集、五一六〜五一七頁。
(61) 一九五一年四月二三日、吉田茂はダレスとの会談で韓国が対日講和条約に署名することになれば「在日朝鮮人が聯合國人」となり、平和条約の規定により財産の回復、そして補償の権利を獲得すると憂慮を示した。外務省『日本外交文書 サンフランシスコ平和条約 対米交渉』外務省、二〇〇七年、四一三~四一五頁。同年七月一九日、在米韓国大使の梁裕燦（1897-1975）はダレスとの会談で韓国の平和条約署名問題の件と関連して、日本にいる多くの「Koreans in Japan」の状況を説明した。これに対し、ダレスはそれらは「North Korea」の出身であり、日本を揺さぶる共産主義を形成するものだと述べた。“Memorandum of Conversation, by the Officer in Charge of Korean Affairs in the Office of Northeast Asian Affairs (Emmons) (1951),” Foreign Relations of the United States, 1951, Asia and the Pacific, vol. VI, Part 1, pp. 1202-1206. ダレスのこのような言及は、日本側からの報告と一致している。

（62）Harry S. Truman, “Address in San Francisco at the Opening of the Conference on the Japanese Peace Treaty,” http://trumanlibrary.org/publicpapers/index.php?pid=432&st=&st1

（63）以下、ダレスの演説内容は次のものから引用した。“John Foster Dulles's Speech at the San Francisco Peace Conference”, “The World an Japan” Database Project Database of Japanese Politics and International Relations Institute of Oriental Culture, University of Tokyo, http://www.ioc.u-tokyo.ac.jp/~worldjpn/documents/texts/JPUS/19510905.S1E.html

（64）同じ地域を意味しながらも、朝鮮（朝鮮半島）、コリア、韓半島という名称の相違は韓国の歴史と主権問題に直結している。金崇培「名称の国際政治―戦争と平和条約そして日韓関係」、吉澤文寿編『歴史認識から見た戦後日韓関係―「１９６５年体制」の歴史学・政治学的考察』社

会評論社、二〇一九年、二六一～二七〇頁。
（65）Dulles (1950), pp. 75-77.
（66）Dulles (1950), p. 87.

第二章　日韓間歴史論争の構造化
――戦後国際情勢の動向と対韓請求権主張論理の形成[1]

金恩貞

はじめに

日本の敗戦に伴い在外日本人の引き揚げが始まった。朝鮮半島からの引き揚げは、満州地域など他の地域と比べると進駐軍や現地人との衝突なしに順調に進み、南朝鮮[2]では一九四六年三月、北朝鮮では四七年四月をピークに一段落した[3]。日本人の引き揚げの際に、日本名義の不動産や携帯できなかった資産はそのまま現地に残置され、北側と南側を分割占領していたソ連と米国の異なる方針の下で処分された[4]。

南朝鮮に残置された日系資産は、駐朝鮮米陸軍司令部軍政庁（USAMGIK、以下、駐韓米軍政庁）が一九四五年一二月六日付で発した軍政令第三三号（以下、命令三三号）によって、国公有・私有財産を問わず米軍政庁に帰属された。これは、韓国政府樹立約一カ月後の四八年九月二〇日、「韓米間の財産及び財政に関する最初の協定」（以下、韓米協定）第五条によって韓国政府に移譲された。[5] 北朝鮮では、臨時人民委員会が日系資産を接収した後、進駐軍であるソ連軍の追認を受け、政権成立の翌日である四八年九月一〇日に北朝鮮政府へ正式に移譲された。[6] すなわち、朝鮮半島に残された日系資産は、韓国では米軍の法的措置に基づいて処分されたが、北朝鮮ではソ連軍の黙認下で法的措置を経ずに北朝鮮政府に直接接収された。

日本政府は日韓国交正常化交渉（以下、日韓会談）の開始を控えて、韓国政府に対し在韓日本財産に対する財産権とその売却代金の返還を要求する方針を明らかにした。これがいわゆる日本の対韓請求権主張である。よく知られているように、日本による対韓請求権主張の背景には、当時莫大と言われていた韓国の対日請求を減額させるとともに、朝鮮半島から引き揚げられた人たち（以下、引揚者）の私有財産に対する国家補償を回避する狙いがあった。[7] 日韓会談が最終妥結するまで約一四年費やされた主因は請求権交渉のためである。一九五〇年代には日本の対韓請求権主張、一九六〇年代には請求権の全額と支払い方式をめぐる日韓間論争が激しく展開されたことは周知の通りである。

注目すべきは、日本の対韓請求権主張には戦前日本の朝鮮植民地支配を正当化する論理が含意されていたため、これが日韓間歴史論争の引き金となったことである。[8] そしてこのような日本の認識が、昨今の日韓葛藤においても一貫して内在している点は看過できない。

本稿では、戦後国際情勢の動向が日本の対韓請求権主張論理の形成にいかなる影響を与えたかを分析し、戦後の国際情勢によって日韓間歴史論争の構造が作り上げられたことを明らかにする。

一 連合国の戦後認識

1 戦後処理の枠組

第二次世界大戦で敗北した枢軸国に対する戦後処理は、ニュルンベルク裁判、対イタリア講和条約(パリ講和条約)、対日講和条約(サンフランシスコ講和条約)によって一段落した。

ドイツは一九四五年五月に無条件降伏した直後、西部は米、英、仏により、東部はソ連により分割占領され、戦後分断国家として出発した。ドイツを東西に分割占領した連合国四カ国は、ドイツとの講和条約締結および賠償問題を、ドイツの統一時期まで見送ることとした。以降、東ドイツは東ヨーロッパ諸国との二国間協定を通じて相当の賠償金が免除された。西ドイツでは、過去ナチス・ドイツがユダヤ人に行った反人道的犯罪に対する補償を中心に戦後補償が行われた[9]。

このような西ドイツの態度は、日本の戦後処理や過去に対する反省の不十分さを批判する際に比較の対象とされる場合がある。だが注意すべきは、西ドイツも戦前の植民地支配や侵略行為に対する補償は十分行わなかったことである。ドイツの戦争犯罪を裁くために開かれたニュルンベルク裁判では、ドイツのユダヤ人迫害に対する人道的責任と犠牲者への補償こそ追及されたものの、他国への侵略行為や植民地支配の是非については、ほぼ問われなかった[10]。

しかも、戦後直後から顕在化したヨーロッパでの冷戦が本格的に展開すると、西ドイツの戦争賠償は過去に向けた構想ではなく事実上猶予される形で終結した。ナチ被害者への補償も、国家間関係を介在させず、国内法による処理と二国間協定のなかの個別解決の方法として模索された。西ドイツは、冷戦下でヨーロッパの西側諸国と緊密な関係を作り上げたが、その際に効果的な「補償外交」を展開した[11]。

一九四六年七月、ヨーロッパ戦線の戦後処理のためパリで講和会議が開かれた。パリ講和会議の結果、四七年二月一〇日、ドイツを除くヨーロッパの旧枢軸国と連合国の間では一連の講和条約が締結された。日独伊三国軍事同盟を結び枢軸国の中心国だったイタリアとの講和条約においては、敗戦によって放棄された植民地地域の領土問題の処理やイタリアの戦争責任のみが問われた。イタリアが他国を侵略または植民地支配したことについての是非や、植民地地域での犯罪行為についてはほぼ問われなかった[12]。

厳密に言うと、ニュルンベルク裁判は講和条約ではなかったため、パリ講和条約が第二次世界大戦の戦後処理における連合国側の方針を表すバロメーターとなった[13]。ところが、パリ講和会議に参加していた連合国側に、戦前の植民地支配の罪を追及してそれを清算する、という考え方が存在しなかったことは明らかであった。戦前枢軸国のみならず連合国も植民地を保有しており、戦後も一部の連合国は依然植民地を手放さず保有し続けていたことは、連合国が植民地主義を肯定していることの証左であった。戦勝国と敗戦国との間で結ばれた一連の条約は戦後処理という色彩を強く帯び、このような連合国の認識は対日講和条約にも影響した。

2　極東問題に関する米・ソの構想

広く知られているように、ソ連は一九四五年二月のヤルタ会談において、ドイツ降伏後の対日参戦を米英に約束していた。五月八日ドイツが無条件降伏をし、太平洋戦争においても日本の敗色が濃くなると、米、英、ソの三カ国首脳は、四五年七月一七日からドイツ・ベルリンの郊外にあるポツダムで日本の戦後処理に関する会談を開いた。ここで、日本の無条件降伏と連合国四カ国による日本分割統治案、そして朝鮮の独立などが決定された。しかし、日本と中立条約を結んでいたソ連がポツダム宣言に署名しなかったため、米国は同会談へ参加していなかった中国の署名を蒋介石に求めた。七月二六日、ポツダム宣言は「日本への降伏要求の最終宣言」という正式名で、米英中三国首脳の共同声明として発表された。

日本はポツダム宣言を受諾せず戦い続けたが、ソ連は八月になっても対日参戦の時期に迷っていた。こうした中、米国は八月六日に広島へ、九日に長崎へ原爆を投下した。ソ連は、日本時間で八月八日午後一一時電撃的に対日宣戦布告を行い、九日零時、ソ連極東軍を満州に進攻させた。二度の原爆投下とソ連の対日参戦の結果、日本は八月一四日にポツダム宣言を受諾し無条件降伏をした[14]。

日本の無条件降伏によって第二次世界大戦は幕を下ろしたが、その直前、戦後朝鮮の運命が決定付けられた。日本のポツダム宣言受諾が予想される中、すでに満州と朝鮮半島北部の一部に進駐していたソ連は、日本のクリル（千島）列島への進攻を開始しながら、米国に北海道の分割占領を要求していた。八月一三日、米国政府は、国務・陸軍・海軍三部調整委員会を開き、対日戦に消極的だったソ連の北海道上陸を拒否し、沖縄を含めた日本全土を米国が単独占領することを決定した。米国の駐モスクワ特使のポーレー（Edwin E. Pauley）と駐ソ大使のハリマン（William Averell Harriman）は、トルーマン（Harry S. Truman）大統領に対し、ソ連が朝鮮半島にも野心を持っているとし、朝鮮および満州への速やかな進出を建議した。しかし、トルーマン政権は、満州、サハリン（樺太）、クリル列島、および朝鮮半島の北緯三八度線以北地域はソ連が、フィリピンと朝鮮半島の北緯三八度線以南地域は米国が占領する案を策定した。この案は、日本降伏の翌日である八月一六日ソ連に提示された[15]。

不凍港を確保するための南下政策の一環として戦後日本占領に加わろうとしたソ連は、米国の対日単独占領をくつがえすことができず、朝鮮分割占領を含めた米国の案に同意した[16]。ソ連は当初、朝鮮半島を通じて後退する関東軍と戦うため朝鮮半島北部に進駐したが、対日参戦決定の遅延により北海道占領に失敗し、成り行きで北朝鮮を占領することになったという解釈もある[17]。ともかく、米国の極東政策が、四カ国による日本分割占領から日本単独占領および朝鮮半島分割占領へと修正されたため、朝鮮半島は日本の植民地統治が終焉すると同時に南北分断に追い込まれた。

一方、米国は第一次世界大戦の時から植民地主義に懐疑的であった。しかし、第二次世界大戦後日本と南朝鮮を同時に占領した際、戦前の朝鮮支配を肯定する日本の認識を問題視しなかった。むしろ、対韓政策を対日政策の一環として認識していた。

駐韓米軍政庁のホッジ（John R. Hodge）米軍司令官や、アーノルド（Archibald V. Arnold）

軍政長官などは、朝鮮半島を日本の一部であるとし、南朝鮮占領を日本領土への進駐と見なしていた。特に、ホッジは、日本の朝鮮植民地統治機構を解体せず、それを南朝鮮における占領行政に活用しようとした。米軍政庁による南朝鮮の直接統治ではなく旧朝鮮総督府を通じた南朝鮮間接統治案を構想したのである[18]。

ホッジの案は、米国が日本の朝鮮植民地支配に対する問題意識を持っていないことを意味するとし、南朝鮮内部から強い非難を受けた。トルーマン政権は、ホッジ案は米軍による南朝鮮初期占領政策の重大な失策であると認め、直ちにホッジ案の見直しを発表した。駐韓米軍政庁は南朝鮮直接占領へと政策を転換した。しかし実際には、旧朝鮮総督府の機構を維持しつつ、米軍将校がその職務を代行する方式を用いて南朝鮮の占領行政を開始した[19]。米国にとって、効率的な南朝鮮占領行政を行うため、旧朝鮮総督府の行政組織と官吏を活用することは好都合だったのであろう。

ところで南朝鮮過渡政府側は、治安維持や行政のため植民地時代の公権力や親日派出身のエリートをそのまま引き継ぎ、韓国政府樹立後も重用した[20]。北朝鮮では、親日派清算という名分で多くのエリートを粛清し内部の権力暗闘に利用した側面はあるが、日本の朝鮮植民地統治の残滓清算に徹底していた[21]。

このように、朝鮮半島を分割占領した米国とソ連は、日本および極東問題をめぐって異なる立場にあった。対日占領に加えられず極東問題に深く関与できなかったソ連にとって、北朝鮮の厳しい対日姿勢は関心の外だったかも知れない。その反面、日本を単独占領した上に南朝鮮を同時に占領した米国にとって、日本と南朝鮮との敵対的な関係が望ましくなかったことは想像に難くない。こうした点が影響したのか、韓国における対日姿勢が、北朝鮮に比べると妥協的だったことは確かである。

強調すべきは、連合国として朝鮮半島に進駐した米国もソ連も、朝鮮半島に対する関心は極めて低く、占領政策の基底に、戦前日本の朝鮮統治の是非を問うという想定がなかったことは明らかであった。

二　米国の戦後アジア秩序構想の転換

1　アジア冷戦の顕在化と対日講和政策の緩和

米、英、ソの首脳が戦後国際秩序について協議したヤルタ会談では、事実上米国とソ連の二大国が戦後の世界秩序を主導することを宣言し、これが東西冷戦の端緒となったと認識されている。しかし、当時ルーズヴェルト（Franklin D. Roosevelt）米大統領が、戦後ソ連の膨張主義と冷戦の展開を真剣に憂慮していたとは言い難い。ルーズヴェルトは、ヨーロッパ政策においてはソ連と協調し、アジアにおいては日本の膨張を抑えるために中国の大国化を基盤とするアジア秩序の再構築を構想していた[22]。

一九四五年四月、持病のあったルーズヴェルトが急死すると副大統領のトルーマンが大統領に昇格した。共産主義に対するトルーマン政権の認識は、ルーズヴェルト政権とは異なり、恐怖に近かった。トルーマン政権は、ソ連共産主義を脅威と認識し、ヨーロッパ政策の遂行にあたって冷戦戦略を展開した。アジアにおいては、戦前から国民党と共産党間の衝突が展開されていた中国大陸に共産主義政権が出現することを懸念していたが、トルーマン政権は一旦前政権の中国大国化政策を継承し、懲罰的な対日賠償政策を進めた[23]。

一方、日本占領政策をめぐって、ワシントンのトルーマン政権と日本占領を担当した東京の連合国軍総司令部（Supreme Commander for the Allied Powers、以下、ＳＣＡＰ）の間では、見解に相違があった。ＳＣＡＰのマッカーサー（Douglas MacArthur）最高司令官は、トルーマン政府の厳格な対日態度と対日賠償取り立ての措置に懐疑的で、温和な対日占領政策を展開していた[24]。

一九四七年に入り、パリ講和条約の結果、ヨーロッパ戦線の戦後処理が大詰めに向かうと、マッカーサーは、日本占領の主たる目的であった非武装化と民主化は達成されており、残る課題は経済復興のみと述べ、日本の経済再建の障害となる懲罰的な対日賠償政策を中止するようワシントンに建議していた。そして、パリ講和条約が結ばれた直後の四七年三月、マッカーサーは本国との事前協議を経ず、対日講和条約の早期締結案を一方的に発表した。トルーマン政権はマッカーサーの言動を警戒し、この時点での対日講和を許可しなかった[25]。

ところが、一九四六年から全面的な内戦に発展していた中国大陸内の国共内戦は、中国共産党の勝利に傾いていた[26]。中国大陸の共産化が見通されると、中国大国化を骨子とする米国のアジア秩序構想は事実上破棄され、中国脅威論を前提とした新アジア秩序が構想されることになる。

米国政府内では、中国脅威論とともに、極東における日本の戦略的重要性が強調されるようになった。国務省は、日本の政治的安定が回復していない状況で対日講和条約が締結された場合、日本国内の政治的・経済的混乱が悪化し、これを利用した共産勢力が日本国内に拡大しかねないと懸念した。それ故、対日政策を転換し対日講和を早期達成するよう、政府を説得した。トルーマン政権は、経済復興による日本の政治的安定を回復する方針に傾き、厳格な対日賠償取り立てを中止した。一九四九年からは、外交権以外の面では日本と「事実上の講和」を進めた[27]。

一九四九年一〇月、中国大陸に中国共産党率いる中華人民共和国（以下、中国）が成立した。当時、韓国の李承晩大統領は、朝鮮半島の地政学的価値を「極東のポーランド」と称し、今後朝鮮半島をめぐる米、中、ソの激しい覇権争いが起こると予測した。そして、朝鮮半島における戦争勃発の可能性を強く懸念した。だが米国政府は、北朝鮮が武力で韓国を侵攻するとしても米国の軍事的支援は期待しないように、韓国政府に暗黙のメッセージを送っていた[28]。

広く知られているように、アチソン（Dean G Acheson）米国務長官は、一九五〇年一月一二日、フィリピン、沖縄、日本本土、アリューシャン列島までを米国が責任を持つ防衛ラインとする、いわゆるアチソンラインを発表したが、そこには台湾、インドシナ、南朝鮮に対する言及がなかった。

トルーマン政権が中国の台頭とアジアの共産化を懸念しながらも、アチソンラインにおいて台湾と朝鮮半島への不介入を暗示したことが、北朝鮮およびソ連にとって、米国の韓国放棄と受け止められたのか。一九五〇年六月、ソ連から武器などの援助を受けた北朝鮮の挑発により朝鮮戦争が勃発した。

米国は、共産勢力により朝鮮半島で熱戦が勃発し極東の情勢が大きく揺らいだことに驚愕した。朝鮮戦争勃発まもない一九五〇年七月、国連の決議を得て、米国が主導する国連軍が韓国へ派兵された。九月には、ＳＣＡＰのマッカーサー最高司令官の指揮下で仁川上陸作戦を成功させ、破竹の勢いで北進した。マッカーサーは、この戦争に中国軍は参戦しない、クリスマスまでに戦争は終わると明言したが、同年一〇月半ば中国が一〇〇万人と言われる中国人民志願軍を北朝鮮側へ送り込んだ。その後、同戦争は米国と中国の代理戦争の様子を帯びて展開された。米国が国連の場で中国を侵略者として咎めたが、中国は朝鮮戦争へ深く介入し米国への敵対感を強めた[29]。

中国の共産化と朝鮮戦争の勃発によって、東アジアにおける冷戦構造が鮮明となり、米国のアジアでの冷戦遂行におけるパートナーとして日本の価値は高まった。米国は、東アジアにおける冷戦体制に備えるため対日早期講和論を全面に打ち出し、日本単独占領に続き、対日講和条約も事実上単独で進めた[30]。

米国の日本単独占領を見過ごしていたソ連は、中国が共産化すると中ソ同盟を組んで米国を圧迫し、対日講和に介入しようとした。だがソ連の試みは、共産主義の拡大を恐れた米英の断固たる態度と、対日講和に権利を主張できる名分が脆弱だったことから、失敗した。一九五一年九月に調印された対日講和条約は、西側陣営諸国のみで調印される歪んだ結果となった。戦前の植民地主義を正当化するような連合国の認識に加えて、アジア冷戦の様相が露骨に投影されたといえよう[31]。

日本の経済復興は米国の対日政策における最重要課題として位置付けられた。米国は、自国のみならず他の連合国に対しても対日賠償要求を緩和するように導いた。その上、米国は、比較優位論に基づく国際分業体制を前提に、東南アジアへの日本の工業製品輸出の道を開き、東南アジア地域への日本の経済的進出を容認した。だが同政策は、戦前および戦中の植民地主義的な貿易パターンの復活を想起させ、東南アジア諸国のナショナリズムと反日感情、ひいては反米感情を刺激する恐れがあった。それでも米国は、同地域における反米運動が拡大しないよう配慮しつつ、日本の経済復興および日本を中心としたアジア秩序の安定を最優先戦略とした(32)。

2 韓国の対日賠償請求論理の制約

日本の敗戦直後、ポーレーを団長とする対日賠償調査団は、米国政府の厳格な対日賠償政策の下で在外日本財産を没収し、日本に懲罰的な賠償責任を負わせることを推進していた。この際にポーレーは、米軍政下の南朝鮮過渡政府に、朝鮮は対日戦勝国ではないが賠償を受け取ることは可能であるという見解を表明した。南朝鮮過渡政府はこれに呼応し、米軍政下であった一九四七年から、日本の朝鮮植民地支配に対する賠償要求を前提として、『対日賠償請求調書』の作成に着手していた(33)。

ところが、パリ講和会議や駐韓米軍の初期南朝鮮占領政策において、植民地支配に対する罪を問わない連合国側の態度が判明し、韓国の対日賠償要求の根拠は曖昧になった。対日賠償要求論理に関する韓国政府の苦悩は、一九四九年九月に完成した『対日賠償要求調書』の序文から窺える。韓国は、日本の朝鮮植民地支配に対する不当性を指摘しながらも、太平洋戦争によって被った人的・物的被害についてのみ賠償請求をするとしている。[34] ただし、これは韓国が確実に戦勝国の立場として作成したものでもなかった。

韓国政府は、脆弱な対日賠償論理を確実に担保するため、戦前上海にあった大韓民国臨時政府を対日交戦国の地位獲得の根拠として、米国のサンフランシスコで開かれる対日講和会議へ署名国として参加し、対日講和条約に署名する資格を米国に要請した。[35] 結果を先取りすると、米英は、連合国の旧植民地であった東南アジア諸国に対しては対日講和条約への署名資格を与えた[36]反面、敗戦国日本の旧植民地であった韓国には認めなかった。

当初、米国は韓国の要請を受け入れ、一九四九年一二月二九日に作成した対日講和条約草案に、韓国が連合国の資格で対日講和会議へ参加することを明示した。ところが英国は、韓国が戦前日本の植民地であって日本と交戦状態ではなかったとの理由で、韓国に対する署名国資格の付与に猛反対した。このとき、米英は国連における中国代表権問題をめぐって対立していたが、台湾の国民党政府を国連の中国代表として推していた米国は、韓国問題については英国に譲歩した。こうして、五一年六月一四日付の対日講和条約の米英共同草案では、韓国が署名国のリストから除外された。対日戦勝国として対日賠償論理を固めようした韓国の試みは挫折したのである。[37]

このように、対日講和条約においても、植民地主義に対する是非を不問にする連合国側の態度は明確であった。アジア冷戦の深化が露わになった状況で結ばれた対日講和条約は、日本のアジア侵略と植民地支配に対する是非を問う機会が葬られていく端緒となった。

三　日本の対韓請求権主張の論理

1　朝鮮植民地統治の正当化

日本は、駐韓米軍が命令三三号を発して没収した後、韓国政府に移譲した日系資産（以下、在韓日本財産）に対して、その処分措置を否定していた。その論理の前提は、日韓併合を合法とした上、戦前朝鮮半島で日系資産が形成された過程を正当化することであった。

ポツダム宣言の解釈をめぐっても、朝鮮の独立時期に関連する日韓の認識は異なった。韓国は、日本がポツダム宣言を受諾し降伏文書に正式調印した一九四五年九月に、日本から法的権威を回復したと主張した。その反面日本は、日本のポツダム宣言の受諾はただ主権が制限されたにすぎないし、朝鮮における日本の法的権限が即時消滅したことではないと主張した。[38]

戦前の朝鮮植民地統治を最も擁護したのは、旧朝鮮総督府出身の官僚たちだった。彼らは、日本は講和条約に批准するまで朝鮮に対する主権を保有しており、米軍の南朝鮮占領によって朝鮮に対する日本の主権はあくまで「休止」された状態にすぎないと明言した。[39]

旧朝鮮総督府の官僚たちを含めた朝鮮半島からの引揚者は、戦前日本人は朝鮮半島内で正当な経済活動を行ったが、その財産が「代償なくして朝鮮人に接収された」と批判した。その上、在韓日本財産は、連合国と日本との間の問題であり、連合国に対する戦争賠償に充てる必要があると主張した。[40]

こうした引揚者の主張は、在韓日本財産に対する駐韓米軍と韓国政府の一連の措置を否定し、朝鮮半島に残された資産の返還を求めつつ、もしその返還が不可能になった場合は国家に補償を求めるための布石であった。これは、朝鮮半島からの引揚者のみならず、他の地域から帰還した引揚者も同じ考えであった。各地からの引揚者は、日本へ帰還後組織的な運動を展開し、講和条約によって在外財産が賠償などに充てられた場合それを国家が補償すべきと主張していた。[41]

戦前の朝鮮植民地統治を合法とした上、在韓日本財産に対する日本の財産権を主張することは、日本政府内でも一般的な認識であった。大蔵省は、戦前の朝鮮半島内で行われた日本および日本人の活動は正常な経済・文化活動であり、朝鮮に対する日本からの援助は差引プラスであったとした。外務省は、日本の朝鮮統治は搾取ではなくむしろ同地域の近代化に貢献したと評価し、在韓日本財産に対する命令三三号の措置は苛酷であるとした[42]。

このように、日本政府内では「日韓の併合は当時日本と韓国との間で適法に行われ、朝鮮の独立は日本の敗戦の結果生じたものであり、日本と韓国は戦争状態ではなかった」という見解が露骨に述べられていた[43]。

加えて日本政府は、朝鮮植民地統治の合法性を主張するにあたって、「朝鮮は独立国となったのであるから、割譲地ではなく分離地域、すなわちdetached territoryといった方が適切である」という、名古屋大学法学部山下康雄教授の見解を採用し、韓国を分離地域として規定した。分離地域と割譲地域については今日も国際法上定義されていないが、山下は、分離地域を「管治していた当局が日本の支配から除外された」領域として定義していた[44]。

こうした定義に従えば、分離地域は、過去合法的に日本の統治下にあったが、日本の敗戦によって国際法の根源なく日本から分離された地域である。また割譲地域は、一時日本に侵略・占領されたが日本の敗戦によって地位を取り戻した地域である。したがって、分離地域である韓国において連合国が行った日系資産の処分措置の有効性は制限的であり、日本と韓国との間で改めて取極められるべきであるという結論に至る。

2 国際法的正当化の試み

外務省は、敗戦直後の一九四五年一一月、来たる対日講和会議に備え、西村熊雄条約局長を座長とする「平和条約問題研究幹事会」を発足させて研究を開始した。四七年には政府レベルでの研究会に移行した[45]。この際国際法学者に研究を委嘱し本格的に研究を行ったが、日本政府の対韓請求権主張論理に基礎を提供したのは、山下教授の研究報告書であった。山下の一連の研究報告書は、外務省条約局法規課によって、五〇年三月から約一年にわたって、講和条約研究資料としてまとめられた[46]。

条約局は山下に対して、第一次世界大戦後にドイツと連合国の間で締結されたヴェルサイユ条約と、第二次世界大戦後イタリアと連合国の間で締結されたパリ講和条約を先例にすることを提案する[47]。山下の研究を踏まえて条約局は、先例の両条約において、敗戦国の在外財産のうち国公有財産は一般的な原則として実質的に連合国に無償で引き渡されるが[48]、敗戦国国民の私有財産については原所有者の権利を認めていると結論づけた[49]。これは、在韓日本財産のうち私有財産に対しては日本の所有権主張が可能だとする論理につながる。

一方、英国の反対で韓国が対日講和の署名国リストから排除された後、米国は韓国政府へ対日講和条約の試案を渡した。ところが、同条約第四条（a）項は、韓国にとって極めて不利な条項であった。韓国政府は、在韓日本財産が駐韓米軍の命令三三号および韓米協定によってすでに韓国へ移譲されたと考えていたが、同条項では、在韓日本財産を日本と韓国との二国間特別取極により最終的に処分しなければならなかった[50]。

韓国政府は、試案第四条（a）項の規定が日本の韓国併合を正当化し、ひいては日本による対韓請求権の主張を是認する結果になると猛非難し、米国に同条項の修正を強く要請した。米国は韓国の要請を受け入れて、一九五一年八月一六日付で作成した対日講和条約の最終草案の第四条に、在韓日本財産の処分を命じた命令三三号の効力を日本が最終的に承認したという趣旨の（b）項を新たに設けた[51]。

同（b）項が対日講和会議の開幕直前に挿入されたためか、外務省は予想外の事態に戸惑いつつ、そのまま対日講和条約の調印に向かった。条約局は、一旦山下の見解を踏まえて以下のように対韓請求権主張の論理をまとめた[52]。

第一に、国際法上に私有財産尊重の原則があるため、米軍政府の命令三三号による日本資産の処理は、没収や最終的な所有権の移転を意味しない。第二に、命令三三号は戦時中の英米の敵産管理制度を簡素化したものであり、在韓日本財産に対する売却行為などの財産処理の効力のみを承認したものである。第三に、韓米協定による在韓日本財産の韓国への移転は、韓国の対日請求権を担保するための措置である。韓国は日本資産の管理者にすぎず、原所有権は日本にある。第四に、講和条約第四条の（a）項と（b）項を読み合わせると、講和条約自体は在韓日本資産の最終的な取り扱いに関して未解決のままである。（b）項は在韓資産に対する日本の権利を放棄させたものではない。日本政府は（a）項で保障されている日韓間の特別取極によって、韓国政府に対し、在韓日本財産の売却代金などの返還や損害賠償を要求する権利を有する。[53]

条約局は、敗戦国国民の私有財産権の保護は国際法上排除されていないとした上で、在韓日本財産のうち私有財産に限っては、日本の財産権要求が可能であるという結論を導き出した。しかし、第四条は、（a）項を強調すれば日本の立場が、（b）項を強調すれば韓国の立場が有利になるという、相反する内容であったため、日韓間で法的論理をめぐる論争が起こることは火を見るよりも明らかであった。

四　歴史論争の構造化

1　法的論理の矛盾

一九五一年一〇月、東京で開かれた日韓会談予備会談において、韓国側は対日講和条約第四条（b）項を法的根拠として、命令三三号の最終的効力を強調した。在韓日本財産は命令三三号によって在韓米軍政庁へ没収された後、韓国政府に移譲されたが、日本は同四条（b）項によりその効力を承認した。それ故、対日講和条約第四条（a）項に明示された日韓間の財産処理に関する特別取極の対象となるのは韓国の対日請求権のみである、というのが韓国側の主張であった。[54]

第四条（b）項が日本の対韓請求権主張を大きく制約することは確かであった。予備会談終了後、日本では国際法学者を中心に山下の法的見解の限界が提起されたが、日本政府は他の法理をもって法的論理を強化することを試みた。

まず、英米の対敵取引禁止法における「二重法理」の概念を適用し、命令三三号によって没収された在韓日本財産の現所有者（日本人）の権利を強調した。しかし、「二重法理」は、大陸法系の所有権概念を採用する韓国側の法的論理を決定的に崩すものにはなり得なかった[55]。また、国際法上の「内乱に対する国家責任理論」を韓国に適用し、朝鮮戦争によって喪失した在韓日本財産の補償責任を韓国政府に求めるとした。だが、朝鮮戦争を「内乱」と規定するにあたっての恣意性のため、韓国および米国世論から強い批判を受けて撤回せざるを得なかった。山下の見解を補強した法理論は、論理的な弱さや恣意性ゆえに従来の法的矛盾を解消できず、早々に立ち消えとなる[56]。

山下見解に対しては、法学者からの批判の他、外務省アジア局からも懐疑的な意見が示された。すでに米国側から「講和条約によって日本が命令三三号の有効性を承認した以上、日本は在韓日本資産に対する請求権は主張し得なくなる」という見解を受けていたアジア局は、早くから、第四条(b)項の規定により命令三三号の有効性を承認しなければならないと述べていた[57]。アジア局は、第四条の(a)項と(b)項の矛盾する内容のため在韓日本財産の地位が曖昧になったとし、今後日本が日韓会談において対韓請求権を主張する場合、同条項をめぐる日韓間の異なる法解釈が大きな争点になると予想していた[58]。

法的論理をまとめた外務省条約局も、第四条(b)項の存在が韓国側の主張を後押ししていることを認めた。その上、日本が強硬な主張を続けて韓国と対立すれば、米国が介入してくる可能性があり、その場合、決して日本に有利には働かないと判断していた[59]。

対韓請求権主張の論理は、法理的矛盾や対米関係への影響のみならず、国内問題にもディレンマを与えた。引揚者たちは海外で没収された私有財産に対する国家補償を求めていたが、その主張の法的根拠として、一九〇七年のハーグ陸戦法規第四六条における私有財産尊重原則と、日本国憲法第二九条の「私有財産は正当な補償の下にこれを公共のために用ひることができる」という規定を上げていた[60]。

私有財産尊重の原則は、日本の対韓請求権主張に関する法的論理に用いられていた故、引揚者たちは韓国との請求権交渉の行方を注視していた。こうしたなか、日韓予備会談と時期を重ねて第一二回国会で引揚者国内補償問題に関する審議が行われた。この審議では在外財産喪失者に対する日本政府の方針が示されると予想されたため、引揚者たちは多大な関心を寄せていた。だが日本政府は、引揚者を他の戦争被害者と同様に見なし、引揚者への国内補償を回避する可能性を示唆した[61]。

こうした日本政府の態度は、対韓請求権主張に際して私有財産尊重の原則を強調したこととは対照的であった。日本政府の私有財産尊重原則は、対韓国交渉という外交の場と、引揚者国内補償問題という国内政治の場に挟まれることとなった[62]。

2　日韓会談妥結と歴史攻防の棚上げ

一九五二年二月一五日、東京で第一次日韓会談が開始された。この際日本側代表団は、韓国に対し日本も請求権があるという、いわゆる対韓請求権を主張した。これを契機に日韓間法律論争が触発される。周知のように、五〇年代の初期日韓会談は、請求権交渉において日本の対韓請求権主張の是非をめぐる日韓間論争が激しく展開され、中止と再開を繰り返す。法律論争の核心は、在韓日本財産の処分を命じた命令三三号の効力が対日講和条約第四条の枠内でいかに解釈されるかをめぐる法解釈にあった[63]。

だが、日韓間法律論争の本質は、戦前日本の朝鮮植民地統治に対する日韓両国の歴史認識の差異にあった。日本の対韓請求権主張には、戦前の朝鮮半島支配および統治時代に形成された日本財産を正当化する含意があった[64]。これに対し韓国は、在韓日本財産は日本の不法な植民地支配の下で蓄積された不当な結果であると主張した[65]。

一九五三年一〇月の第三次日韓会談の際、日本側首席代表である久保田貫一郎は、日本の朝鮮統治を不法だとして対韓請求権主張を否定する韓国側に対し、日本の朝鮮支配を肯定する発言をした。このことが引き金となり、日韓間では戦前日本の朝鮮植民地統治をめぐる歴史攻防が激しく展開された。日韓間の歴史攻防の末会談はついに破綻し、その後約四年半にわたる会談中断期を迎えることになったことはよく知られている。

一九五七年一二月、岸信介首相は長い間中断されている日韓会談を再開するため、対韓請求権主張撤回に踏み出した。[66] しかし、日本政府内では、対韓請求権主張に含意された朝鮮植民地支配に対する正当化は放棄せず、その後の日韓交渉においても内在的論理として持ち続けた。それ故、日本と韓国両方とも、法的論理や歴史攻防を表面化せず請求権交渉を進展させていく六〇年代においても、日韓間論争の火種は依然存在していた。

そして、一九六五年一月の第七次日韓会談の際、日本側首席代表であった高杉晋一は、「日本は韓国に対し兄のような気持ちで仕事をしている。朝鮮統治時代に日本は朝鮮を良くしようとしたのであって何の誤りがあったというのか。今朝鮮の山には木が一本もないが、もし日本と二〇年長く付き合っていたらこのようにはならなかったかもしれない。創氏改名を朝鮮人に強要したのは朝鮮人を同化させ日本人と全く同じ待遇をしようとしたためである」[67]と発言した。

高杉の発言により、日韓間の歴史論争は再び炎上した。韓国側は、高杉の発言は久保田の発言に示された歴史認識をさらに超えたものだと強く非難した。しかし、日韓両国とも、日韓会談の妥結が迫っている状況で、会談への悪影響を懸念し、高杉発言の波紋を最小限に抑えた。[68]

日韓会談は、一九六五年六月二二日に東京で「日本国と大韓民国との間の基本関係に関する条約（略称、日韓基本条約）」を最終的に締結し、これに伴い、「財産及び請求権に関する問題の解決並びに経済協力に関する日本国と大韓民国との間の協定（略称、請求権並びに経済協力協定）」を含めた四項目の関連協定および二五項目の交換公文が結ばれたことで、完全に妥結した。

実は、日韓基本条約をめぐる討議の際にも、歴史問題をめぐる日韓間の攻防があった。一九一〇年の日韓併合条約、およびそれ以前の日韓間旧条約を無効とする「旧条約無効確認」条項が争点となった。韓国は日韓併合条約「そのものの無効性」を主張したことに対し、日本は「無効になって現在に至る」と主張した。日本の意図は、日韓併合条約そのものは合法であり、戦後無効になったという主張であった。戦前日本の朝鮮植民地支配をめぐる日韓間の認識は依然平行線であったが、日韓両国は一四年間引きずった難交渉を妥結するため、歴史攻防を棚上げにしたまま、日韓条約を締結した。(69)

おわりに

連合国の戦後処理は、戦前植民地支配を受けていた地域や国に対する配慮がなく、戦勝国と敗戦国との間の戦争賠償の性格で、一方的に行われた。連合国にとって枢軸国とは、戦前国際秩序の中で共に強者の地位を享有していた「列強の仲間」であった。連合国は、戦後の世界秩序においても、日、独、伊に既得権の地位を与えた。

しかも、ヨーロッパに続きアジアも冷戦の渦に巻き込まれると、中国の大国化と日本抑止政策を基盤とする米国の当初の戦後アジア秩序構想は、対日融和政策へと転換を余儀なくされた。日本は、米国のアジア冷戦戦略における最重要なパートナーとして価値を高めることになった。

こうした連合国の戦後認識および米国の戦後アジア秩序構想の下、日本の戦前植民地主義に対する反省と謝罪、そして裁きの機会は閉ざされてしまった。連合国は朝鮮植民地支配を肯定する日本の認識を問題視しなかった。このような状況は、日本の朝鮮植民地支配の正当化を含意する対韓請求権主張を可能にし、韓国の対日賠償要求論理を制約する背景となった。

さらに、米国は日本の朝鮮植民地支配に関する是非を問わず、対日講和条約において矛盾する条文を策定し、日韓間の法律論争を誘発した。法律論争から始まった日韓間攻防は歴史論争に飛躍し、一九五〇年代の初期日韓会談が停滞する主因となった。

一九六〇年代に入り、日韓両国は長年停滞していた会談を進展させ、国交を正常化するため、歴史攻防を棚上げにしたまま交渉を妥結した。だが、日本の対韓請求権主張に含意されている朝鮮植民地支配肯定論は、六五年日韓会談が妥結するまで貫かれた。

今日の日韓葛藤において、日本の朝鮮植民地支配の是非をめぐる日韓間の歴史攻防が再燃している。日韓間歴史論争がどこから始まったかを考える際に、連合国側の一方的な戦後処理と、対韓請求権主張をめぐる日韓間攻防は、示唆に富む。

【注】

（1）本章は동북아역사재단 한일역사문제연구소 편〔東北亜歴史財団韓日歴史問題研究所編〕『한일협정과 한일관계 1965년 체제는 극복 가능한가?〔韓日協定と韓日関係 一九六五年体制は克服可能か？〕』東北亜歴史財団、二〇一九年で公表したものを本書の形式に合わせて編集したものである。

（2）一九四八年八月一五日に大韓民国政府が樹立する以前、北緯三八度線の以南の地域を「南朝鮮」、その政府を「南朝鮮過渡政府」と記す。

（3）정병욱〔鄭昞旭〕「조선총독부 관료의 귀환후의 활동과 한일교섭─동화협회・중앙일한협회를 중심으로〔朝鮮総督府官僚の帰還後の活動と韓日交渉─同和協会・中央日韓協会を中心に〕」『광복60 새로운 시작 종합학술대회 자료집 Ⅰ〔光復六〇年　新しい始まり　総合学術大会資料集Ⅰ〕』二〇〇五年、二一四〜二三二頁。

（4）これについては、拙稿（「日韓会談における北朝鮮要因」吉澤文寿〔編〕『歴史認識から見た戦後日韓関係』社会評論社、二〇一九年、六四〜六五頁）を参照。

（5）外務省アジア局第一課「日韓会談における双方の主張及び問題点の附属資料」一九五八年一月二〇日、情報公開法に基づく日本外務省開示文書（以下、外務省文書）、二〇〇六-五八八（請求番号）-一六九（文書番号）。以下、日韓会談関連の日本外務省文書は同じ要領で表記する。

（6）若槻泰雄『戦後引揚げの記録』時事通信社、一九九一年、二四〇～二四四頁。

（7）高崎宗司『検証日韓会談』岩波新書、一九九六年、三六頁。吉澤文寿『戦後日韓関係――国交正常化交渉をめぐって［新装新版］』クレイン、二〇一五年、四八頁。

（8）先行文献では一九五〇年代日本の対韓請求権主張をめぐる日韓間攻防の様子についての概説にとどまっているが、近年、拙著（金恩貞『日韓国交正常化交渉の政治史』千倉書房、二〇一八年、第1章～第3章）において、日本の対韓請求権主張から撤回まで日本政府内で展開された政治過程について解明している。また、同書第1章と拙稿（「日韓国交正常化交渉における日本政府の政策論理の原点――「対韓請求権論理」の形成を中心に――」『国際政治』第一七二号、二〇一三年、二八～四三頁）では、日本の対韓請求権主張論理の形成過程を法的観点から解明・分析している。

（9）広渡清吾「ドイツにおける戦後責任と戦後補償」粟屋憲太郎他『戦争責任・戦後責任――日本とドイツはどう違うか』朝日選書、一九九四年、一八一～一八二頁。

（10）国際法事例研究会『日本の国際法事例研究（6）戦後賠償』ミネルヴァ書房、二〇一六年、二七～二八頁。同書は、第二次世界大戦後の各国の賠償請求権の処理に関して、当事諸国の条約を概観し、国際法の事例としてまとめたものである。

（11）川喜田敦子「第二次世界大戦後の西ドイツ賠償問題とヨーロッパ地域秩序形成」『名古屋大学法政論集』二六〇号、二〇一五年、一八六頁。

（12）国際法事例研究会、前掲書、二〇一六年、二七～二八頁。

（13）イタリアの戦争賠償については以下の文献を参照すれば良い。伊藤カンナ「イタリアの戦

後賠償」名古屋大学『法政論集』二六〇号、二〇一五年、二一一〜二三九頁。高橋進「戦争犯罪・人道犯罪と国家責任―イタリアの場合―」『龍谷法学』四二巻四号、二〇一〇年、二八二〜三〇七頁。

(14) 永井陽之助『冷戦の起源』中央公論者、一九七八年、一九一〜一九三頁。

(15) 同上。

(16) 松村史紀「サンフランシスコ講和会議と中ソ同盟(1945-52)―東側世界の「全面講和」外交―(1)」『宇都宮大学国際学部研究論集』第四四号、二〇一七年、六一頁。

(17) 下斗米伸夫『モスクワと金日成―冷戦の中の北朝鮮1945-1961』岩波書店、二〇〇六年、二一〜二二頁。

(18) 小此木政夫「米軍の南朝鮮進駐――間接統治から直接統治へ――」赤木完爾、今野茂充〔編〕『戦略史としてのアジア冷戦』慶應義塾大学出版会、二〇一三年、八四〜九六頁。

(19) 同上、九三〜一〇〇頁。

(20) 鄭俊坤「アメリカ占領政策とその対応―日本と韓国の政治風土の比較のために―」『明治大学大学院紀要』第二七集、一九九〇年、二二五〜二二八頁。

(21) 장박진〔張博珍〕『식민지관계 청산은 왜 이루어질 수 없었는가 ― 한일회담이라는 역설〔植民地関係清算はなぜ成し遂げられなかったのか―韓日会談という逆説〕』논형〔論衡〕二〇〇九年、一二六〜一四一頁。

(22) 五百旗頭真『米国の日本占領政策』上、中央公論社、一九八五年、一二九〜一五四頁。

(23) 同上。
(24) SCAPの対日占領政策については、五百旗頭真編『戦後日本外交史』有斐閣アルマ、二〇〇七年、第一章を参照した。
(25) 樋渡由美『戦後政治と日米関係』東京大学出版会、一九九〇年、五~一〇頁。
(26) 波多野善大『国共合作』中央公論社、一九七三年、二四六~二五四頁。
(27) 楠綾子『占領から独立へ』吉川弘文館、二〇一三年、二三四~二四八頁。
(28) 永井、前掲書、一九七八年、一九一~二五五頁。
(29) 和田春樹『朝鮮戦争全史』岩波書店、二〇〇二年、二九一~二九四頁。朝鮮戦争に中国が参戦する過程とその結果については、以下を参照。ディヴィッド・ハルバースタム[著]・山田耕介、山田侑平[訳]『ザ・コールデスト・ウインター　朝鮮戦争』下、文春文庫、二〇一二年、第八部。
(30) 李錫敏「トルーマン政権期における『冷戦戦略』の形成とアジア冷戦の始まり―対ソ脅威認識を中心に」赤木完爾、今野茂充[編]『戦略史としてのアジア冷戦』慶應義塾大学出版会、二〇一三年、二一一~二二五頁。
(31) 対日講和をめぐる連合国間の政治過程については以下を参照した。松村、前掲論文(1)、二〇一七年、同(2)、二〇一八年。
(32) 菅英輝「アメリカの戦後秩序構想とアジアの地域統合」『国際政治』第八九号、一九八八年、一〇九~一二五頁。
(33) 이원덕[李元徳]『한일 과거사 처리의 원점―일본의 전후처리 외교와 한일회담―[韓日

過去史処理の原点―日本の戦後処理外交と韓日会談―」』 서울대학교출판［ソウル大学出版］一九九六年、一七〜二二頁。
(34) 大韓民国政府『対日賠償要求調書』一九五四年「序文　一、対日賠償要求の根拠と要綱」。
(35) 李元徳、前掲書、一九九六年、二六〜三八頁。
(36) 原朗「戦争賠償問題とアジア」『アジアの冷戦と脱植民地化（近代日本と植民地8）』岩波書店、一九九三年、二六九〜二八九頁。
(37) 金民樹「対日講和条約と韓国参加問題」『国際政治』第一三一号、二〇〇二年、一三八〜一四二頁。
(38) 長澤裕子「戦後日本のポツダム宣言解釈と朝鮮の主権」李鍾元、木宮正史、浅野豊美［編］『歴史としての日韓国交正常化』Ⅱ、法政大学出版局、二〇一一年、一三三頁。
(39) 同上。
(40) 旧朝鮮総督府出身の官僚達の日本へ帰還後の活躍や、朝鮮半島からの引揚者達の組織的運動については、鄭晒旭前掲論文（二〇〇五年）を参照した。
(41) アジア局第二課「国会における在外財産補償に関する政府答弁等」外務省文書、二〇〇六-五八八-一二三四。
(42) 高崎、前掲書、一九九六年、五〜六頁。
(43) 外．管．経「朝鮮における債務の処理について」一九四九年三月、外務省文書、二〇〇六-五八八-一五五九。
(44) 条約局法規課「平和条約第四条について（上）（未定稿）（講和条約研究第三号）」一九五一年

九月、外務省文書、二〇〇六-五八八-一五六二「はしがき」。

(45) 西村熊雄『サンフランシスコ平和条約』鹿島研究所出版会、一九七一年、二一～二八頁。

(46) 日本政府内で対韓請求権主張に関する法的論理が形成される過程と、その法的論理に関する詳細な分析は、以下を参照。金恩貞、前掲書、二〇一八年、二六～三五頁、金恩貞、前掲論文、二〇一三年、二八～四三頁。

(47) 条約局法規課『講和条約研究資料（上巻）』一九五一年、「はしがき」。

(48) 条約局法規課「平和条約第四条について（上）（未定稿）（講和条約研究第三号）」一九五一年九月、外務省文書、二〇〇六-五八八-一五六二、「第二章　国有財産」。

(49) 条約局法規課『領土割譲と国籍・私有財産　講和条約の研究　第一部（山下教授）』一九五一年、序説。

(50) 정무과［政務課］「1. 주일대표부 유진오 법률고문의 일본출장보고서［駐日代表部兪鎮午法律顧問日本出張報告書］、1951. 9. 10」大韓民国外務部外交文書（以下、韓国外交文書）、七七（登録番号）『한일회담 예비회담［日韓会談予備会談］（1951. 10. 20～12. 4）본회의 회의록［本会議会議録］、제1-10차［第一～一〇次］、1951』。以下、日韓会談関連の韓国外交文書は同じ要領で表記する。「一九五一年八月二十日座談会」一九五一年八月、外務省文書、二〇〇六-五八八-一五七二。

(51) 高崎、前掲書、一九九六年、一六～二〇頁。

(52) 「在韓日本資産に対する請求権」一九五二年七月三〇日、外務省文書、二〇〇六-五八八-

一三二一。
(53) 山下康雄「在韓日本資産に対する請求権」『国際法外交雑誌』第五一巻第五号、一九五二年、一一～三〇頁。金恩貞、前掲書、二〇一八年、一八～三五頁。
(54) 韓国外交文書、七七、前掲。
(55) 金恩貞、前掲書、二〇一八年、四八～五一頁。
(56) 同上。
(57) アジア二課「日韓特別取極の対象となる日本資産及び請求権について(1)(主としてヴェスティング・デクリーについて)」一九五一年一二月三日、外務省文書、二〇〇六-五八八-一五六三。
(58) 「(日韓請求権交渉資料四) 敵産管理と私有財産尊重について (ヴェスティング・デクリーは没収規定でないことの論拠)」一九五二年二月一五日、外務省文書、二〇〇六-五八八-一五六五。
(59) 西沢記「日韓問題定例打合会 (第三回)」外務省文書、二〇〇六-五八八-一六三一。
(60) 外務省文書、前掲 (「国会における在外財産補償に関する政府答弁等」)、二〇〇六-五八八-一二三四。
(61) 「第一二国会衆参両院の平和条約及び安保条約特別委員会における答弁抜粋」外務省文書、二〇〇六-五八八-一〇四七。
(62) 金恩貞、前掲書、二〇一八年、三九～四二頁。
(63) 金恩貞、前掲書、二〇一八年、七三～七七頁。
(64) 「第三回日本側代表打合会議事録」一九五二年三月三一日、外務省文書、二〇〇六-五八八-

一六三八。

(65)「二、日韓請求権問題」一九五二年五月、外務省文書、二〇〇六-五八八-一五〇九。

(66)岸信介首相によって日本の対韓請求権主張が撤回されるまでの日本政府内の政治的過程については、以下を参照。金恩貞、前掲書、二〇一八年、第三章。

(67)北東アジア課「『高杉発言』問題の概要」一九六五年一月二五日、外務省文書、二〇〇六-五八八-一四二二。

(68)北東アジア課「日韓会談に対する韓国側の態度について」一九六五年一月一八日、外務省文書、二〇〇六-五八八-二八九。

(69)金恩貞、前掲書、二〇一八年、三三二~三三五頁。

第三章　初期日韓会談における両国交渉戦略の再検討

一九五一―一九五三――予備会談から第三次会談の決裂まで[1]

尹錫貞

はじめに

一九五一年一〇月二〇日、日韓間の懸案問題を協議するために、予備会談が開催された。そして、一九五二年二月には、第一次会談を開催し、国交正常化への第一歩を踏み出した。しかし、会談は請求権をめぐる激しい論争の末、決裂となった。アメリカの斡旋により、会談は再開したが、一九五三年一〇月の第三次会談での久保田発言を契機に再び決裂に至った。その後、会談は四か月にわたる中断期間を迎えた。このように、予備会談から第三次会談までの初期日韓会談では、日韓の相互不信が明らかになった。本稿の目的は、この時期において、日本と韓国が展開した交渉戦略について日本外交文書を中心に再検討することである。

先行研究では、請求権問題をめぐる法律論争や歴史認識問題に焦点を当てている。対日講和条約の第四条（a）は、請求権問題を日韓当事者間の取り決めによって解決するとし、第四条（b）項は日本が在韓日本財産に対する米軍政の措置を認めることを規定していた。この条項をめぐって日本は在韓日本財産に請求権を持っていると主張したため、交渉は膠着状態に陥った。こうした請求権論争の背景には、植民地統治に対する認識の相違が存在した。日本は植民地統治が合法であり、朝鮮民族に恩恵を与えたと主張した反面、韓国は日本のお詫びと反省を求めたため、立場を縮めることができなかったと、先行研究は論じている。[2]

このように、先行研究は請求権問題に関する条件闘争や歴史認識論争の展開過程を明らかにし、日韓会談の理解に多く寄与している。先行研究の成果を踏まえて、本稿では、日本外交文書の分析を通して、次のような問題意識を考察する。初期日韓会談において、韓国は日本にお詫びと反省のみ求めたのか。それでは、会談が膠着した際に、韓国が示した友好姿勢はいかに解釈すべきなのか。また日本は、請求権問題において、北朝鮮内の日本資産をいかに位置付けたのか。さらに、日本の外務省は、李承晩政権の対日政策や国際的地位に対して、いかなる認識を持ち、その認識は日韓会談戦略にいかなる影響を与えたのか。第三次日韓会談が決裂してから、日本側が請求権問題より、漁業問題に重きを置いたが、その具体的な外交活動はいかなるものであったのか。

本稿は、こうした問題意識をもって日本外交文書を分析する。すでに多くの先行研究がある中で、本稿は日韓会談に関する新しい事実関係に明らかにし、それに解釈を与え、当該時期への理解の幅を広げることに研究の力点を置きたい。

一　日韓会談の開催と日韓の交渉戦略

1　日韓予備会談の開催

一九五一年九月、対日講和条約の締結を受けて、韓国は日本との直接交渉を準備していた。植民地支配から解放された韓国は多くの対日懸案問題を持っていた。九月一五日、ムチオ(John J. Muccio)駐韓米大使が日韓の懸案問題を協議するための会談を開催することを提案したのに対し、李承晩は日本との予備会談を準備しており、駐日韓国代表部にも指示を出した状態であると述べた(3)。韓国は対日講和条約に参加はできなかったが、いくつかの条項の効力を受けることになっていた。また、アメリカも冷戦戦略の一環として日韓間の政治、経済的関係の強化を進め、両国の直接交渉を促していた。

一〇月二〇日、日韓の予備会談が開催された。韓国の首席代表である梁裕燦駐米韓国大使は、冒頭演説で日本の植民地支配に対する厳しい認識を披瀝した。日本の支配が朝鮮人たちに耐え難い傷を与えた。朝鮮人たちは主権を失い、自分たちのための社会構造を建設できなかった。朝鮮経済は日本帝国に従属され、自立ができなくなり、朝鮮人たちは社会発展に必要な訓練を受ける機会さえもらえなかった。これが日本に対する韓国民族全体の対日感情であり、今後日韓両国が乗り越えなければならない障害であると、梁裕燦は強調した。[4]

しかし、韓国は強硬姿勢のみ見せたわけではなかった。梁裕燦は、同じ冒頭演説で、過去を忘れることはできないが、韓国は日本と対等な主権国家として共に生きていきたい旨であると主張した。[5] 実際、予備会談の期間中、韓国は積極的な姿勢を示していた。例えば、梁裕燦は、一一月一二日に開催された倭島英二管理局局長との会談で、マッカーサー（Douglas MacArthur）連合国司令官やシーボルト（William J. Sebald）外交局長の言葉を借りて、日韓がアジア諸国の防共協定締結の中心的な役割を果たすべきであるとし、漁業問題は日米加三国間の漁業協定をモデルにして二週間以内で締結できると述べた。[6] アメリカ側の言葉を借りる形ではあるが、韓国が日本との反共協力、会談の早期妥結を主張するのは注目に値する部分である。

しかし、日本側は韓国が植民地統治を批判したことに対して否定的な反応を見せていた。日本側は、韓国の冒頭演説に対して不満をこぼした。また、韓国が和解の旨を表明したことに関心を寄せなかった。韓国とは異なって日本側は植民地統治を批判すべき対象として認識しなかったのである。(7) 日韓両国は一九五二年二月に正式会談を開催することに合意したが、予備会談の様子を踏まえて、韓国では会談進行に対する懐疑論が広がっていた。日本の姿勢に不満を強めた韓国は、一九五二年一月一八日に、「大韓民国隣接海洋の主権に関する大統領宣言」、いわゆる李承晩ラインを宣言した。漁業問題に対して単独行動に踏み切ったのである。その後、李承晩ラインは請求権問題とともに日韓会談の主な争点となる。

一方、日本側も対抗策を練っていた。特に、外務省は韓国側が請求権問題で非合理的な主張をすると考え、対抗策を模索していた。一二月一〇日に外務省が作成した「財産、請求権処理に関する件」では、日本側の対抗論理が整理されている。韓国が膨大な金額の請求権を提起するはずであると予想されるが、日本側は在韓日本財産を提起することができ、その規模は韓国の請求権より遥かに大きい。こうした分析に基づき、文書は、対日講和条約第四条によって日韓の請求権問題が両国の取決めの対象となるが、韓国が在韓日本財産を取得したことが請求権協定で考慮されるべきであるとの意見を表明した。

続いて文書は、韓国による請求権の一方的な行使は受け入れられないと強調した。多くの在韓日本財産はアメリカ軍政により清算され、朝鮮戦争で喪失したため、その財産や資金の返還を要求することは不可能である。しかし、韓国は日本側の請求権は存在しないと主張するはずであるが、膨大な在韓日本財産を手に入れたにも関わらず、請求権を要求するのは不公平であるということであった。この上、文書は、請求権問題は熾烈な論争を引き起こし、日韓関係に否定的な影響を及ぼしかねないとし、日本としては請求権の相互放棄を提案すべきであるとの立場を示した。[8]

そこで、日本側が検討したのが、北朝鮮内の日本財産であった。一九五二年一月二三日に作成された「請求権問題会談の初期段階における交渉要領」では、請求権問題は長期的な観点から大局的かつ政治的解決を図るべきであるとし、八つの交渉要領を提示している。その中で、七番目の交渉要領で北朝鮮内の日本財産を取り上げている。文書によれば、アメリカ軍政の措置と北朝鮮内の日本財産は何の関係も持たず、当然返還の要求が可能であると、韓国を説得し、アメリカ軍政措置の法的性質について検討すべきであるということであった。[9] つまり、北朝鮮に残されている日本財産に対して請求権を要求し、韓国の対日請求権要求を阻止するという戦略を立てていたのである。

北朝鮮における日本財産を交渉カードとして活用する構想は、ますます具体的になった。上述した文書の第二案では、一〇項目にわたる交渉要領を提示しているが、その中で、第一項、第七項が北朝鮮における日本財産を取り扱っている。第一項は、交渉の前段階で請求権問題は南北朝鮮を合わせて議論することに合意しなければならないとし、第七項は、北朝鮮にある日本財産も含めて内乱により日本資産が失われたが、それに対して韓国に国家責任や原状回復を追求できるか否かを研究し、交渉を双方の請求権を相殺する方向へ向かわせるということであった[10]。こうした交渉要領は、同文書の第三案で、内乱による日本財産の損害に対して韓国の国家責任問題を並行して取り上げるべきであるとし、これは南北朝鮮を対象とし、北朝鮮地域に対して日本側の請求権が存在していることを韓国側に認めさせるという立場で整理された[11]。

外務省にとって、北朝鮮内の日本財産の重要性は高まりつつあった。外務省は、対韓請求権を要求できない場合に備えて、北朝鮮内の日本財産を交渉カードとして積極的に活用する方法を準備していた。外務省は、上述の第三案を再検討しながら、次の二つの交渉方針を提示した[12]。

第一に、請求権交渉は南北朝鮮を全部含めて進めることである。北朝鮮に残っている日本財産に対し、日本の請求権が存在していることを認めてもらう必要があり、こうした場合、日本側が資料を整備して北朝鮮関係の資産だけでも韓国の対日請求権より遥かに莫大であることを立証しなければならないと指摘した[13]。

第二に、韓国政府の主権範囲と実効性を交渉カードとして活用することである。朝鮮戦争の中で、韓国政府の主権行使範囲が北朝鮮地域にまで及ばない状況である。この点を日本側が強く訴えかけ、韓国が政府としての実力が足りないことを思い知らせるということである。これは、韓国の対日請求権を抑える心理的効果をもたらすと、文書は論じた[14]。

第三に、清算及び支払いの実施において、相互主義をとることである。つまり、北朝鮮内の日本財産が返還されることを条件に、日本側も韓国への債務を支払うということである。この折衝案が上手くいったら、請求権処理が延期され、現在の混乱状況が収まるのを待つことも可能である。しかも北朝鮮関係の請求権は権利として確保できるため、相殺より有利であると主張した[15]。

このように、日本の請求権構想において、北朝鮮内の日本財産が占める比重が高まっていた。これは日本が韓国の請求権主張を非常に憂慮していたことを物語っている。

2　第一次会談の決裂と日韓の論理

一九五二年二月一五日、第一次日韓会談が開かれた。韓国の林松本代表は請求権に対する立場を説明した。韓国は過去の記憶に関するすべての請求権を求めるのではなく、合法的に韓国に属し、将来韓国の生存のために必要な財産のみ要求するということであった。その上で、韓国は「対日請求要綱案」いわゆる「対日八項目要求」を提出した。洪璡基代表によれば、韓国の要求は植民地統治における虐殺事件のように、過去の不幸な記憶に起因するものではなく、対日講和条約の第四条に基づくものであった。つまり、韓国は賠償的性格が排除された請求権を要求したのである[16]。

こうした韓国の立場に対し、日本は対韓請求権の主張で反駁した。三月六日に、日本は、在韓日本財産に対するアメリカ軍政の措置は、管理責任の委譲にすぎないと主張した。そして、国際法によれば、私有財産の所有権は尊重されるべきであるとし、在韓日本財産に対する日本の請求権が存在していると述べた。

韓国は、日本の主張に戸惑いを隠せなかった。日本の立場を確認した韓国は非公式会談を要請した。三月八日に行われた非公式会談で、林松本と洪璡基は日本の主張を強く批判した。両者の言葉を借りると、韓国にとって日本の請求権主張は、まさに青天の霹靂であった。林松本と洪璡基の説明によれば、韓国代表団では強硬論の議論が紛糾し、本国政府に報告さえできない状況であるとし、日本の請求権主張によって韓国側が置かれた困難な状況であるという[17]。

林松本と洪璡基は、李承晩政権の対日請求権は韓国の知日派が主導して作ったものであると説明した。彼等の説明によれば、李承晩や大韓民国臨時政府出身の政治家が報復的かつ賠償的な要求を提起することを主張したが、韓国の知日派が強硬派を必死に説得したという。その上、韓国の請求権は過去の不愉快な記憶から起因する様々な要求を削除し、明確な証拠に基づく合理的な案であると改めて強調した。しかし、日本は既存の立場を固守するのみであった。非公式会談の後、外務省は、日本の法理論が国際的に正論であり、安易な妥協は韓国の立場を高めるのみであると論じた[18]。

韓国の請求権を知日派が主導したという説明は興味深い。李承晩政権の対日姿勢に対しては、過去に対する日本のお詫びと反省を求める強硬な立場であったという印象が強い。しかし、上記の内容は、韓国が原則論を表明しながらも、一方では、日本との真摯な交渉を模索していたことを物語っている。

請求権問題のため、会談が膠着状態に陥っていく中で、両国の首席代表間にも激論が交わされていた。梁裕燦は、松本俊一首席代表との会談で、日本側が法理論に拘ったら、他の懸案も交渉が難しくなるとし、日本が対韓請求権を撤回するよう促した。こうした主張の上で、梁裕燦は、外交官僚ではない自分が首席代表に選任されたのは、大局的な観点から懸案問題を処理するためであると力説し、日本側の譲歩を求めた[19]。

対する日本は、請求権問題に関する常設共同委員会を開催することを提案した。日本の意図は、請求権問題に関する共同研究の基盤を作ることであった。これにより、日本が対韓請求権を行使しても在韓日本財産のすべてを取得するものではない点を韓国に伝え、請求権交渉を日本のペースで進めることであった[20]。また、常設共同委員会の活動を通じて、日本が請求権を行使したら、韓国の経済的基礎が崩壊するという韓国の主張を反駁できるという考えもあった。[21]しかし、韓国は日本の提案を断り、議論は平行線を辿り、会談は決裂に至った。

会談の決裂後、日本では日韓会談に対する懐疑論が広がりつつあった。西村熊雄条約局長は、フィン（R.B. Finn）参事官との会談で、請求権問題は非常に複雑であるため、数ヶ月で妥結できないとし、会談進行に対して否定的な見解を示した。また、日本の対韓請求権主張は韓国の膨大な請求権主張に対抗するための交渉手段であり、韓国自ら請求権を放棄するよう働きかける旨を明らかにした。請求権問題の複雑もさることながら、西村が問題視したのは、李承晩政権の交渉姿勢であった。西村は、日本の植民地統治が不法かつ無効であるという李承晩の考えが両国問題の解決を妨げているとし、李承晩政権が続く限り、日韓の友好関係樹立は至難であると述べた。[22]後述するが、李承晩政権に対する不信は、日本にとって日韓会談の再開を判断する基準となる。

会談決裂の余波は漁業問題にも及んでいた。韓国は「李承晩ライン」を侵犯する日本漁船の拿捕を行い、漁民の刑事処罰に踏み切る措置を実行した。韓国の強硬措置は、明らかに対韓請求権を突きつけ、会談の打ち切りを宣言した日本への報復措置であった。日本政府が漁船保護の対策として海上保安庁の巡視船を派遣する方針を立てると、韓国海軍はそれを非難する談話を発表し、釜山では日本を糾弾する国民大会が開かれた。[23]状況の悪化を懸念したクラーク（Mark

W. Clark)国連司令官は防衛水域として「クラークライン」を設定した。クラークは、朝鮮戦争中、共産国家の特殊部隊の進入を防ぐとの理由から日本漁船の接近に自制を求め、日韓の漁業紛争は沈静化に向った。

二　第二次日韓会談の開始過程と日本の休会提案

1　冷戦論理と韓国の対日説得

一九五三年一月六日、東京で李承晩と吉田茂首相の非公式会談が開かれた。対日講和条約が締結され、日本が主権を取り戻してからの初めての日韓首脳会談であった。首脳会談開催の背景にはアメリカの斡旋が存在した。日韓関係の悪化を懸念したアメリカは、両国の関係改善のために、日韓首脳の直接会談を積極的に推進したのである。

李承晩は、吉田との会談で、自分の率直な見解を示した。クラークとマーフィー（Robert D. Murphy）駐日米大使も同席している中で、李承晩は、日韓は近隣国家であり、好き嫌いに関わりなく親善を図るべきであると主張した。その上で、日本が韓国財産を自分のものであると主張し、韓国人の疑念を晴らすどころか、むしろ煽っていると指摘した[24]。

李承晩が、アメリカの斡旋に応じたのは、冷戦の前哨基地である韓国の立場を考慮したからであった。アメリカの外交文書によれば、李承晩は吉田との首脳会談において、共産主義の脅威にさらされている韓国の立場を改めて強調し、日本の寛大な姿勢を求めている[25]。帰国後、李承晩は、クラーク宛の書簡で、吉田との会談は日本側が韓国の主張を聴く機会となったとし、「それが彼にとって考える材料になったはず」と述べた[26]。

こうした経緯を経て、四月一五日に第二次日韓会談が開催された。韓国の張基栄代表は、久保田貫一郎首席代表との非公式会談で、日韓反共協力の必要性を訴え、会談の早期妥結に意欲を示した。日韓が提携すれば、東アジア冷戦に肯定的な影響を与え、共産中国の対日、対韓政策に変化が起こるはずであり、請求権や船舶問題において、日本が譲歩すればアメリカから見返りがあるので、日韓の協力は自由世界の利益になると主張した。そのうえで、張基栄は、冷戦や朝鮮半島対立の長期化に備えて日韓両国は友好関係を築くべきであると力説した[27]。久保田は、張基栄の主張について、韓国はアメリカとの防衛条約を締結し、次に日本との関係を改善し、それを北朝鮮に対する対抗軸とする観点から日韓会談の早期妥結を望んでいると論じた[28]。

李承晩と張基栄の発言は、韓国が自国の安保戦略と東アジア冷戦の観点から日本との提携を模索していたことを物語っている。先行研究では、李承晩が朝鮮戦争や米韓同盟を通してアメリカからの軍事的、経済的支援を確保できたため、対日協力の必要性を感じなくなったという議論が多い。つまり、韓国は米韓関係を重要視し、日韓関係には関心を寄せなかったため、反日政策を展開したという分析である。確かに米韓相互防衛条約が締結され、その後韓国に対するアメリカの支援が制度化される状況を踏まえたら、そのような側面も存在する。しかし、李承晩と張基栄の発言から分かるように、李承晩政権は朝鮮戦争の休戦後、韓国の安全保障や反共陣営の結束のため、日本との協力可能性を探っていた。これは、李承晩政権の反日政策は、元々の戦略というよりも、日韓会談の膠着状態がもたらした産物であったことを意味している。

2　日本の休会提案と反李承晩認識

韓国の積極姿勢とは違って、日本では会談に対する懐疑論が広がっていた。六月二一日に、久保田は日韓会談の無期限休会を外務省に提案した。久保田が作成した「日韓会談無期休会案」によれば、請求権の相互放棄は国内補償問題を引き起こす可能性があるため、大蔵省が難色を示しており、譲歩を重ねて条約を締結しても日本にとって不利な条約が国会を通過するか否か見通しがつかないからであった。その上で、久保田は会談が休会すれば、漁業問題、在日韓国人の送還、駐韓大使館の設置など、懸案問題処理が遅れ、韓国復興特需の利益も獲得しにくくなるが、それでも休会が望ましいと提言した[29]。

久保田の休会提案では、李承晩政権に対する不信感が強く働いていた。久保田は、同文書で、李承晩が朝鮮戦争の休戦反対や反共捕虜の釈放など、国連に反する態度を公然と取っている中で、日韓会談を続けるのは長期的な観点から見て望ましくないと主張した。久保田はその理由として次の四つを挙げた。（一）国連の政策に反対し、国際社会に困難をもたらす李承晩政権と交渉を続けるのは、国連協力を唱える日本政府の立場に相反すること、（二）李承晩は世界の孤児になるような政策を展開し、国際社会は彼の軽率な行動を批判しており、引退の可能性さえある中で、こうした韓国と条約を締結したら、国会から厳しい批判を受けるはずであること、（三）近い将来に、朝鮮半島の統一政府が誕生するのか、それとも南北二つの政権が対立を続けるのか、その様子を見極める必要があること、（四）李承晩の後、韓国では知日派が台頭する可能性もあることであった[30]。

李承晩政権に対する久保田の不信感は、個人のレベルではなく、外務省全体の認識であったと思われる。アジア局が作成した「日韓会談継続の可否について（案）」では、休戦協定を受けて、日韓会談を休会する理由として次のように語っている[31]。

李大統領は近く国連又は米国の圧力によるか、反李承晩の策動によるか、引退の可能性かある。後継者は何人にするかにかかわらず、より親日的であろうから、その際にはわが方に有利に解決し得る公算が大である。李政権が国連の政策に反し休戦の成立を妨害しているがごとき現状においては国連協力を旨とするわが国として交渉を続行する理由に乏しい。かかるときに際し韓国と協定を結べば国連諸国の蔑視を買うおそれがある。

久保田の提案を受けた下田武三条約局長も会談の続行に懐疑的となっていた。下田は、譲歩を重ねて交渉を妥結しても国会通過の見通しが不透明であると指摘した。国際的地位が低下している李承晩政権と交渉を進め、さらに日本に不利な条約を締結すれば、国会の同意が得られないと判断した。

下田は朝鮮戦争の休戦を口実とし、休会を提案した。休戦協定という新しい状況に直面してすべての議題を再検討するという理由から休会を提案するということである。続いて、下田は李承晩政権の持続可否を基準とし、休会以後のシナリオを想定した。もし李承晩政権が長く続き、これ以上日韓会談を休会することが難しくなったら、交渉を再開する。李承晩政権の安定度が低下した場合には、交渉を無期限に休会し、事態の推移を見極めるのが適切であるということであった[32]。休会の提案は外務省の正式な立場として採択され、第二次日韓会談は休会に至った。

以上のように、日本は李承晩政権の安定性や交渉姿勢に対して根本的な不信感を抱いていた。この時点から日本は韓国との交渉を進めるいかなる意思も持たなくなり、「時間を味方にする」戦略を展開したのである。しかし、こうした交渉術は漁業問題が再発するにつれ、修正を余儀なくされる。

三　第三次日韓会談と漁業問題

1　日韓漁業問題と日本の対米外交

朝鮮戦争が休戦に至り、クラークラインは廃止となった。クラークラインの廃止を受けて、韓国の公海付近では日本漁船の操業が始まると、韓国は日本漁船の拿捕措置を強化した。対する日本政府は、漁業問題の解決のために、韓国との直接交渉に取り組むこととなった。九月三〇日、日本政府は、駐日韓国代表部の金溶植公使に日韓会談の再開を提案した。日韓会談に対する日本の懐疑的な態度を踏まえると、李承晩ラインや拿捕措置は日本を交渉場に引き出す交渉カードとして働いたのである。

しかし、経緯を考察すると、日本による日韓会談再開の提案は、一種の消去法を経た選択であった。日本が優先した政策オプションは、懸案問題のすべてを取り扱う日韓会談ではなく、アメリカの関与の下で漁業問題に限定された協議を進めることであった。九月九日に、岡崎勝男外務大臣は、アリソン（John M. Alison）駐日米大使との会談で、韓国との漁業問題を解決するために、アメリカが一定の役割を果たすよう促した。続いて、アメリカが漁船拿捕の不法措置など、韓国の不法措置を禁止させ、この状況の平和的な解決を図るよう、アメリカが仲介に取り組むべきであると、岡崎は述べた。[33]

日本側は、漁業問題を先決しなければならないと主張した。駐米日本大使の新木栄吉は、ロバートソン（Walter S. Robertson）国務次官補との会談で、日韓の漁業紛争が重大な局面に直面しており、アメリカが注意を払うべきであると述べた。ロバートソンは、韓国に日韓交渉を進めるよう、働きかけていると述べた。対する新木は、日韓のすべての懸案を協議する旨を伝えながらも、漁業問題を先に解決する必要があると強調した。同席していたマックラーキン（Robert J. McClurkin）北東アジア次官が全般的な懸案問題を議論しながら、漁業問題を取り扱うよう提案すると、新木は漁業問題の未解決のままでは、事態は悪化するのみであると応じた。[34]

このように、日本は漁業問題の先決の立場を固守した。アメリカは、日本が請求権問題で譲歩し、漁業問題を含めて全体の問題を協議するよう促したが、日本は漁業問題が解決されないと、他の懸案問題を協議する基盤が成立できないと考えたのである。さらに、日本は海洋の自由原則に基づく自国の立場が、国際的支持を受けるはずであると判断していた[35]。しかし、対米説得にも関わらず、日本はアメリカの同意を得ることができなかった。アメリカは、漁業問題のみ先決することは至難であり、とりわけ請求権問題に関して日本側が何らかの譲歩を示さないと、交渉妥結は不可能であると判断したからである[36]。結局、日本は漁業問題の解決するためには、韓国との全面会談を提案するしかなかったのである。

2　第三次日韓会談の決裂と日韓対立の激化

一〇月六日、第三次日韓会談が開催されたが、両国は立場の相違を縮めることができず、敵対心をぶつけ合うばかりであった。会談の席上で、韓国は日本が請求権を主張し続けるのであれば、三六年間の植民地統治に対する賠償を訴えると述べたのに対し、日本の久保田は植民地統治を擁護しながら、対韓請求権の主張を固守した。お互いに一歩も譲らない非難合戦の末、二一日に会談は決裂となった。

会談の決裂を受け、両国は相手国に対する批判を強めた。韓国は、久保田発言について、日本の対韓請求権論理が埋め込まれており、それは韓国にとって日本への、韓国国民と財産の従属を意味するものであると厳しく批判した。韓国の反応にも関わらず、日本側は、「当たり前のことを当たり前にいっただけのものだ」とし、久保田発言を擁護した。[37]

会談の決裂後、韓国海軍は日本漁船の拿捕措置や抑留措置を強化した。李承晩ラインの侵犯を理由に、拿捕された日本漁船及び乗組員は、五二年の一〇隻、一三二人から五三年には四七隻、五八五人に急激に増加した。[38] 先行研究が指摘したように、韓国の強硬措置は、久保田発言に対する報復であり、日本の譲歩を引き出すための交渉戦略であった。

これと同時に注目すべきことは、韓国が、第三次日韓会談の決裂後、李承晩ラインの国内法制化を図った点である。一二月一二日に、韓国は漁業資源保護法を宣布したが、同法案には、管轄水域や海軍による捜索活動や侵犯漁船に対する処分などの規定が盛り込まれた。李承晩ライン宣布の際に、韓国側がそれを対日交渉の手段として捉えて日本との交渉の余地を残していたのは先述した通りである。しかし、漁業資源保護法で李承晩ラインを国内法制化したことによって、事実上、その余地はなくなってしまったのである。それから韓国は久保田発言や日本の対韓請求権の撤回のみならず、日本による李承晩ラインの受容も日韓会談再開の前提条件として掲げることとなる。

ここまでの経緯を振り返ってみると、予備会談から第一次会談まで韓国は日韓会談の早期妥結を試みながら、李承晩ラインを交渉カードとして駆使した。アメリカの斡旋で第二次会談が開かれたら、冷戦論理を用いて日本の譲歩を促したが、第三次会談が決裂に至ると、李承晩ラインの国内法制化を図り、既成事実化を試みた。このように、初期日韓会談における韓国の交渉戦略は交渉と圧力の並行から第三次日韓会談の後からは圧力一辺倒へ向かうのである。

韓国が李承晩ラインの既成事実化を試みる中で、日本は国連を舞台に漁業問題の国際問題化を模索していた。一〇月二四日、岡崎は、沢田廉三国連全権大使に、日韓の漁業紛争を国連に提訴するための手続きを調べるよう指示した。漁業船をめぐる日韓紛争を国連に提訴するために、国連憲章が規定している紛争の平和的解決に対して、いかなる対応を取るべきであるのか。日本は対日講和条約の第五条を受諾したが、それで条件を満たしているのか、それとも個別のケースに限って受諾の旨を改めて表明する必要があるのか、その具体的な手続きを確認する必要があるからであった。続いて岡崎は、国連安保理がこうした事例を取り扱った前例がないとし、総会へ提訴する考えを示しながら、最近の事例を参照する必要性を指摘した。その上で、総会で問題の根本的な解決は難しいかもしれないが、国際司法裁判所への委譲提案が出されたら、十分な成果であると付け加えた[39]。

一〇月二七日、沢田は提訴の手続きに関する調査結果を伝えた。まず、沢田は対日講和条約の受諾だけでは不十分で、特定事例に関してさらなるコミットメントが必要であると述べた。

続いて、コミットメントの形式については、前例がないため、いかなる形式も可能であると述べた。また、提訴の舞台としては、国連安保理では拒否権が働く可能性があるが、実務的には安保理の方がスムーズに進むと論じた。こうした報告に基づき、沢田は、提訴が行われたら、国連安保理や総会はこの事件を国際司法裁判所へ委譲するという勧告を出す可能性が高いとし、当初から国際司法裁判所に提訴した方が適切であると提言した。(40)

しかし、沢田は実際に提訴に踏み切ることには慎重な姿勢を示した。沢田によれば、アメリカは李承晩との感情的対立とは別に、休戦協定に関する政治協議が終わるまで、韓国の立場を支持するからであった。また、日韓の紛争を国際舞台で提起したら、ソ連がアメリカを困難な状況に追い込む狙いで、日本を支持する旨を表明する可能性もあり、そうなった場合、日本は自由陣営の結束を重視するアメリカやイギリスの批判を受けるはずであった。また、沢田は、国際世論の支持を得て漁業問題を解決するという構想にも否定的な意見を示した。韓国は請求権問題を取り上げて国際宣伝に取り組むはずであり、議論の幅は日本にとって有利な問題に限定されない。さらに、韓国の動きが国連に所属している小国の反植民地主義と呼応したら、楽観はできないということであった。この上で、沢田は、事前にアメリカやイギリス政府の十分な理解を得ない限り、国連提訴は不適切であると主張した。(41)

こうして、日本は漁業問題の国際問題化カードを駆使できなくなり、日本にとっては日韓会談が問題解決のための唯一な経路となった。しかし、韓国が久保田発言や対韓請求権の撤回を会談再開の前提条件として掲げたことにより、会談再開の敷居が高くなり、相互不信の中で、日韓会談は四年間にわたる中断期間を迎えることとなった。

結論

本稿の目的は、予備会談から第三次会談まで初期日韓会談における両国の交渉戦略を再検討することである。主な分析対象は日本外交文書である。こうした過程を通じて、日韓会談に関する新しい事実関係に明らかにし、それに解釈を与え、日韓関係の理解の幅を広げることに研究の力点を置いた。

韓国の交渉戦略は、交渉と圧力の並行路線であったが、第三次会談が決裂してからは圧力一辺倒となった。予備会談から第一次会談においては、会談の早期妥結を説得しながらも、李承晩ライン設置や漁船拿捕という強硬措置を取り、会談に消極的な日本を交渉場に引き出そうとした。さらに、第二次会談では、反共論理を駆使して日本の譲歩を促したが、第三次会談が決裂に至ると、李承晩ラインの既成事実化を図りながら、対日強硬姿勢を貫くこととなった。

一方、日本は会談の長期化を進めたが、漁業問題に直面してからは、漁業問題に限定した会談戦略を進めた。予備会談以後、日本は韓国が対韓請求権を受け入れるまで、会談を引き延ばすという方針を立てた。第二次日韓会談の後では、李承晩政権が国際的に孤立し、政権の地位が低下しているという判断から、日韓会談そのものに懐疑的となった。しかし、漁業問題が深刻となるにつれ、その解決のために、韓国との直接交渉に取り組むしかなくなった。第三次日韓会談の決裂後、日本は国連への提訴など、漁業問題の国際問題化を検討した。しかし、アメリカやイギリスの支持を獲得しにくく、韓国の動きが国連内の反植民地主義との提携する可能性を懸念し、実際行動には移さなかった。

上述の考察からわかるのは、初期日韓会談の時期において、李承晩政権は対日原則論を打ち出しながらも、交渉妥結のための余地を持続的に残しておいたことである。しかし、会談が膠着するにつれ、その余地は閉ざされ、強硬策へ帰結した。こうした観点から、李承晩政権の反日政策は、独立運動家出身の政治家が率いる政権の内部性格から起因するというよりも、会談膠着の産物であったとも言えよう。そして、日本の交渉戦略には、請求権の法律論争や歴史認識のみならず、韓国政府に対する日本政府の認識が多く反映されていたことを物語っている。初期日韓会談の以後の時期を新しく公開された日本外交文書の分析を通して再検討する作業は、今後の研究課題としたい。

【注】

（1）本章は、동북아시아역사재단 한일역사문제연구소 편〔東北亜歴史財団韓日歴史問題研究所編〕『한일협정과 한일관계　1965년 체제는 극복 가능한가？〔韓日協定と韓日関係—一九六五年体制は克服可能か？〕』東北亜歴史財団、二〇一九年で公表したものを本書の形式に合わせて編集したものである。

（2）이원덕〔李元徳〕『한일 과거사 처리의 원점—일본의 전후처리외교와 한일회담〔韓日過去事処理の原点—日本の戦後処理外交と韓日会談〕』서울대학교출판부〔ソウル大学出版部〕、一九九六年、第一～第三章。유의상〔劉義相〕『대일외교의 명분과 실리〔対日外交の名分と実利—対日請求権交渉過程の復元〕』역사공간〔歴史空間〕、二〇一六年、一〇九～一九九頁。박진희〔朴鎮希〕『한일회담— 제1공화국의 대일정책과 한일회담 전개과정〔韓日会談—第1共和国の対日政策と韓日会談の展開過程〕』선인〔先人〕、二〇〇八年、第三章。太田修『日韓交渉—請求権問題の研究』クレイン、二〇一五年、八〇～一二五頁。吉澤文寿『戦後日韓関係—国交正常化交渉をめぐって』クレイン、二〇一五年、第一章。金恩貞『日韓国交正常化交渉の政治史』、千倉書房、二〇一八、第二章。ただし、張博珍は李承晩政権が優先したのは、日本の歴史認識を是正することではなく、対韓請求権を撤回させることであったと論じる。장박진〔張博珍〕『식민지 관계 청산은 왜 이루어질 수 없었는가—한일회담이라는 역설〔植民地関係清算はなぜ成し遂げられなかっ

たのか—韓日会談という逆説〕』논형〔論衡〕、二〇〇九年、二四二～三〇六頁。장박진『〔張博珍〕미완의 청산—한일회담 청구권 교섭의 세부과정〔未完の清算—韓日会談請求権交渉の細部過程〕』역사공간〔歴史空間〕、第四章～第六章。

（3）Memorandum of Conversation, "Korean—Japanese Problem," September 15, 1951, RG84, Japan; Tokyo Office of the U.S Political Advisor of Japan; Classified General Records, 1945-1952, 320 Japan-Korea.

（4）"Opening statement of Ambassador You Chang Yang at the Korean-Japanese conference, October 20, 1951," 文書番号：六三。この文書には日韓会談関連の日本外交文書である。以下、日本外交文書は文書題目、文書番号の形式で表記する。

（5）同文書。

（6）「倭島局長・梁大使会談要旨」、文書番号：三九三。

（7）박진희〔朴鎮希〕『한일회담〔韓日会談〕』一一〇～一一一頁。

（8）「財産、請求権処理に関する件」、文書番号：五三六。

（9）「請求権問題会談の初期段階における交渉要領」、文書番号：五三七。

（10）「請求権問題会談の初期段階における交渉要領（第二案）」、文書番号：五三七。

（11）「請求権問題会談の初期段階における交渉要領（第三案）」、文書番号：五三七。

（12）「請求権問題に関する交渉要領案（第三次案）の再検討」、文書番号：五三七。

（13）同文書。

（14）同文書。

（15）同文書。

（16）장박진〔張博珍〕『식민지 관계 청산은 왜 이루어질 수 없었는가〔植民地関係清算はなぜ成し遂げられなかったのか〕』二六九〜二七一頁。

（17）「請求権問題交渉の中間段階における対処要領案」、文書番号：五四二。

（18）同文書。

（19）「松本・梁非公式会談」、文書番号：三九八。

（20）「請求権問題の三方式について」、文書番号：五四七。

（21）「日韓会談における請求権問題政策に関する件」、文書番号：五四七。

（22）Memorandum of Conversation, by the Second Secretary of the Mission in Japan (Finn), "Diplomatic Problems Faced by Japan: Administrative Agreement," April 23, 1952, Foreign Relations of the United States（以下 FRUS）, 1952-1954, vol. 14, part 2, China and Japan(Washington D.C.: Government Printing Office, 1985), pp. 1251-1252.

（23）森田秀夫「日韓関係」、吉澤清次郎監修『日本外交史二八―講和後の外交（Ⅰ）対列国関係（上）』広島平和研究所、一九七三年、五二頁。

（24）중앙일보〔中央日報〕『남기고 싶은 이야기들 2―경무대 사계〔残したい話2―景武臺四季〕』중앙일보사〔中央日報社〕、二七八―二七九頁。

（25）The Ambassador in Japan (Murphy) to the Department of State, January 7, 1953, no. 624,

FRUS, 1952-1954, vol. 14, part 2, p. 1375.

(26) Mark Clark, From the Danube to the Yalu, 1954, New York: C.E. Tuttle, p. 164.

(27)「張基栄代表との非公式会談に関する件」、文書番号：一六九九。

(28)「張基栄代表との非公式会談に関する件」、文書番号：一六九九。

(29)「日韓会談無期休会案（私案）」、文書番号：一〇五四。

(30) 同文書。

(31)「日韓会談継続の可否について」、文書番号：一〇五五。

(32)「無期休会に賛成の理由」、文書番号：一〇五四。

(33)「李承晩ラインに関する措置振りの件」、文書番号：六九〇。

(34)「日韓会談再開申入れの件」、文書番号：六九〇。

(35)「日韓問題に関し武内、ジョンソン次官補代理との会見要旨の件」、文書番号：六九〇。

(36)「日韓会談一件」、文書番号：六九〇。

(37) 高崎宗司『検証日韓関係』岩波書店、一九九六年、五六頁。

(38) 森田秀夫、前掲論文、五六頁。

(39)「日韓紛争を国連に提訴の件」、文書番号:六九〇。対日講和条約の第五条（a）項では、（i）、（ii）、（iii）にわたって、日本が国連憲章に基づく国際紛争の平和的解決にコミットする内容が盛り込まれている。その全文は次の通りである。

第五条

（a） 日本国は、国際連合憲章第二条に掲げる義務、特に次の義務を受諾する。
（i） その国際紛争を、平和的手段によつて国際の平和及び安全並びに正義を危うくしないように解決すること。
（ii） その国際関係において、武力による威嚇又は武力の行使は、いかなる国の領土保全又は政治的独立に対するものも、また、国際連合の目的と両立しない他のいかなる方法によるものも慎むこと。
（iii） 国際連合が憲章に従つてとるいかなる行動についても国際連合にあらゆる援助を与え、且つ、国際連合が防止行動又は強制行動をとるいかなる国に対しても援助の供与を慎むこと。
（40） 「日韓紛争を国連に提訴の件」、文書番号：六九〇。
（41） 「日韓紛争国連提訴の件」、文書番号：六九〇。

第四章　日韓会談中断期における大村収容所問題に対する日本政府の対応(1)

金鉉洙

はじめに

第二次世界大戦で日本が敗戦すると、日本に居住していた朝鮮人は大挙して祖国へ帰還した。ところが、彼らが戻った解放直後の朝鮮は南北分断状況にあって、混乱を極めていた。さらに、その後の社会的混乱の深化と朝鮮戦争の勃発は、再び朝鮮人に日本への渡航を促す大きな要因となった。そして、それは非公式の渡航、すなわち密航という形式を取らざるを得ないものであった。なかでもこの時期に日本へ渡った人が多かったのは、全島が政治的争乱の場と化した済州島であった。趙慶喜は、こうした当時の状況を簡潔に表現して、「戦後東アジアの冷戦的位階秩序と構造的不均衡こそが朝鮮人の密航の前提条件」[2]であったと指摘している。

大村収容所（現、大村入国管理センター）とは、そうした朝鮮（韓国）からの密航者を本国へ送還すべく収容した施設である。ただし、長崎県大村市に設置されたこの施設には、朝鮮（韓国）からの密航者だけではなく、戦前から日本に居住していた在日朝鮮人も多数収容されていた。そこには刑期を終え、さらに強制退去を命じられた者（懲役一年以上の者が対象）や外国人登録証の不携帯者・未取得者も含まれていたのである。李定垠はこの大村収容所の収容者の性格が日韓国交正常化を前後して変化したと指摘している。つまり、日韓国交正常化以前には朝鮮戦争期に集団で密航した韓国人や上記のような在日朝鮮人が主な収容者であったが、国交正常化以降は生活苦による韓国からの密航者が主な収容者になったのだという[3]。

大村収容所に関する研究は近年韓国で活発に行われているが[4]、なかでも注目すべきものは、①朝鮮戦争を前後する時期の密航の実態と強制追放の法制化過程を解明した田甲生[5]の研究、②植民地支配の責任を免責し、警察機構を維持強化する国家装置としての大村収容所の性格を論じた車承棋[6]の研究、③越境的移動をする人々の視点から大村収容所とその対抗空間であった釜山収容所を分析した玄武岩[7]の研究、④韓国政府の対応や収容所の構造に焦点を当てつつ国交正常化以降の密航者の追放過程を考察した李定垠[8]の研究などである[9]。これらの研究は大村収容所の国家暴力的性格と生活圏としての玄界灘（南海）を越境する人々の日常性を明らかにした重要な成果であると言える。ただ、大村収容所問題が日韓間の懸案事項の一つとして浮上した時期は日韓会談の中断・再開期であったことに留意すると、その関連文書が相当数公開されているにもかかわらず、それらを積極的に活用した研究は未だそれほど多くないことが悔やまれる。そこで本稿では日韓会談関連文書を活用して、次のような点を確認、補充しておきたいと思う。まず、第一に、大村収容所と釜山収容所の収容者問題が日韓両国間の懸案事項として浮上した日韓会談中断期（一九五三年～一九五七年）を対象に、この時期の日本の外務省と法務省が大村収容所問題に対応した理由とこの問題解決のためにどのような方案を用意し、どのように解決しようとしていたのかを検討する。それは、つまり、大村収容所収容者の釈放、追放等を決定する側の意図を確認する作業でもある。

一　日韓会談中断期における大村収容所問題の浮上

ＧＨＱは、一九四五年九月に海外から日本へ引揚げる日本軍将兵や民間人に対する検疫所と臨時収容所を設置している。一方、祖国へ帰ろうとする朝鮮人たちに対する帰還業務が開始されたのは同年一〇月からで、朝鮮人帰還者の収容所が設置されたのは同年一一月のことであった。これが後に強制追放のための臨時収容所として利用されることになるのである[10]。

日本の敗戦直後の日本国内における出入国管理業務はSCAP（連合国軍最高司令官）が担当していた。しかし、一九四八年からは進駐軍要員を除いた外国人の出入国管理については第八軍司令官の管理下で日本政府が担当することになった。この後、日本政府は、一九五〇年一二月に出入国管理庁を発足させ、翌年一〇月に出入国管理令を公布した。このように、GHQは日本政府に出入国管理業務を委任し、収容所の設置やその運営を任せる法的・制度的措置を整備していったが、その過程で一九五〇年一二月二八日に針尾入国者収容所が大村入国者収容所と改称され、長崎県大村市に移転された[11]。

なお、これに先立って一九四五年一二月一七日に公布された改正衆議院議員選挙法の附則で在日朝鮮人の選挙権が制限され、一九四七年五月二日に公布された外国人登録令で在日朝鮮人の外国人登録が義務化された。ところが、その一方で、日本政府は、在日朝鮮人は日本国籍を維持しているという「公式見解」をとっていた。つまり、日本政府は、国籍の上では朝鮮人は外国人ではなく、「旧植民地出身者の国籍は講和条約の発効まで変動しない」と考えていたのである。もちろん、その背景には「旧植民地主権に関する日本政府の独自の解釈があった」[12]。ただ、たとえ名目上とはいえ、日本国籍を保有している自国民（在日朝鮮人）に国外退去を強制するという矛盾した措置は取りえなかったため、在日朝鮮人の強制送還は平和条約発効時まで日本政府の手によらず、ＳＣＡＰの命令によって行われたのである。

一九五二年の平和条約発効前に在日朝鮮人の国籍問題を解決しようとしていた日本政府は、一九五一年一〇月から始まった日韓予備会談と第一次日韓会談（～一九五二年四月）でこの問題を持ち出した。しかし、在日朝鮮人の国籍喪失時期の設定をめぐって両者は直ちに対立することになった。韓国側の主張は、植民地期には韓国国籍の機能だけが停止していたのであり、日本の敗戦により自動的にその機能が回復されて、解放後は在日朝鮮人も日本国籍保持者でなくなっている、というものであった。これに対して日本側の主張は、一九一〇年の韓国併合によって朝鮮人は日本人になったということを前提にし、戦後は連合国との講和条約の締結によってはじめて韓国の独立を認めることができ、それに伴って在日朝鮮人は日本国籍を喪失することになるというものであった[13]。このように、日韓間では、当初から植民地支配に対する認識が決定的に違っており、在日朝鮮人の国籍問題もそれに連動していたのである。その上、日本政府が会議の席上で「逆請求権」（対韓財産請求権）を主張したことにより第一次日韓会談は決裂して、在日朝鮮人の国籍問題も早期解決を見ることができなかった。

また、日本政府は、平和条約の発効前の四月一九日、法務部民事甲第四三八号「平和条約に伴う朝鮮人、台湾人等に関する国籍及び戸籍事務の処理について（通達）」という民事局長通達を出している。これにより、在日朝鮮人は平和条約の発効をもって日本国籍を喪失し、いわゆる法律一二六号によって臨時的な在留許可を得ることになった。そして、この後の日本政府は、朝鮮人が日本国籍を喪失したとして、主権国家による主権行使という名目で、朝鮮人に対し出入国管理令を全面的に適用することになった。[14]

出入国管理令によって退去強制処分を受け、韓国に強制送還された者は、第一次送還（一九五〇年一二月一一日）から第三三次送還（一九五五年四月二九日）までに合計九、五五四人に上るが、このうち刑罰法令違反者は四五一人だった。[15] 韓国政府は、第一次送還から第七次（一九五二年三月一一日）送還までは無条件に彼らを受け入れていたが、平和条約発効後の第八次（一九五二年五月一二日）送還時に、「終戦前から引続き日本に居住する韓国人は、日韓条約によりその処遇が決定するまではそのまま日本に居住する権利がある」として、刑罰法令違反者一二五人を大村収容所に逆送還した。[16] これに対して日本政府が駐日韓国代表部と交渉した結果、「刑罰法令の違反者であつても、みずから帰国を希望する者は受け取る」という了承を得て、第一〇次（一九五二年七月三一日）送還時には刑罰法令違反者六人も韓国へ送還された。[17] ところが、第一一次（一九五二年九月五日）送還時には、韓国政府が「退去強制処分を受けた刑罰法令違反者の帰国希望は自由意志によるものと認めることができない」という理由で彼らを受け入れず、代わって「刑罰法令違反者の日本国内における全面的な釈放」を要求した。[18] それ以後、日本への密入国者の強制送還は引き続き実施されたが、刑罰法令違反者を除いて送還を受け入れるという韓国政府の姿勢は変わらなかった。

一方、一九五三年七月に朝鮮戦争の休戦協定が締結され、戦争中の韓国防衛を目的としたクラークラインが撤廃されると、韓国政府は、平和線（李承晩ライン）[19]の警備に本格的に着手することになった[20]。一九五三年には四七隻五八五人、一九五四年に三四隻四五四人、一九五五年に三〇隻四九八人、一九五六年に一九隻二三五人の日本漁船と漁民が平和線を侵犯して拿捕された[21]。

平和線を侵犯した日本漁船の漁民に対する韓国政府の措置について、当時の日本政府の資料には次のように記されている。曰く、「当初、これら拿捕された漁船の乗組漁民は、裁判に付せられ、六ヶ月乃至一ヶ年（船長、漁労長、機関長等の主要乗組員が大率一年）の刑に処せられながらも、実際には、特赦の名目で比較的短期間に、数次釈放送還されていたが、昭和二十九年七月以降になると、刑を受けた者は満期まで服役させられ、刑期終了後も釜山にある外人収容所に拘禁されたまま わが方（日本側：引用者）の数次の抗議にも拘わらず、帰国を拒否され、今年末（一九五六年末：引用者）現在未帰還漁民は二三一名となった」[22]。

朝鮮戦争の休戦成立後に開催された第三次日韓会談（一九五三年一〇月）が日本側首席代表の久保田貫一郎の「日本の過去の韓国統治が韓民族に恩恵を与えた」[23]という発言によって決裂

すると、日韓会談は四年半にもわたって中断した。この間に平和線を侵犯する日本漁船の拿捕が続くと、韓国に対する日本の世論は悪化の一途をたどり、この問題の解決を求める運動が日本で展開されるようになった[24]。

韓国内の刑務所や釜山収容所の待遇がかなり良くないという情報を入手した日本政府は、一九五五年七月二五日、門脇季光外務次官が金溶植公使を招いて待遇改善と抑留日本漁民の早期送還を要求する口上書を渡した。韓国政府はこれには回答をせず、同年八月に入って平和線における取り締まりを強化し、八月三日から九日の間に漁船一一隻（乗組漁民二六六人）を拿捕するという強硬姿勢を示した[25]。さらに、一七日には「韓国人の日本との往来を禁止し、対日貿易の全面的禁止措置[26]」をとったため、日韓関係は最悪の状況に陥った。八月二〇日、門脇外務次官が金溶植公使を再度招致して、韓国政府の意図を問うとともに、抑留日本漁民の早期送還を要求したのに対して、金溶植公使は大村収容所に収容されている刑期を終えた刑事犯罪者をすぐに釈放せよと要求した。この場で、門脇次官は、二つの問題は全く異なる性質の問題であるとしながら、「大村問題につき可能な範囲で、できるだけのことをすべきにつき、韓国側でもわが漁民の釈放を速やかに実行するよう要望[27]」した、とされている。

一方、中断している日韓会談再開のための会合が、日本の中川融アジア局長と韓国の柳泰夏参事官の間で、一九五四年七月以降重ねられていたが、中川局長はこの会合の中で数回にわたって釜山収容所に抑留されている日本人漁民の釈放を要求した。これに対して、一九五五年九月二二日の会合で、柳泰夏参事官は「大村問題の解決を邦人抑留漁民の送還の条件とすることは本国政府の見解」である旨を非公式に伝えている。[28] これら二つの資料から、一九五五年の夏以降、韓国政府が日本人漁民の釈放問題を大村収容所収容者の釈放問題と結びつけて対応していたことは確かである。

二　大村収容所問題に対する日本政府の法律的検討と対応策

公開された資料の中に、一九五五年一〇月七日に作成された「大村収容所に収容の朝鮮人に関する法律問題(未定稿)[29]」という文書がある。ここから在日朝鮮人の国籍問題や、日本政府の「退去強制」に関する基本認識とその対応策を窺い知ることができる。この文書では、主に次の八つの点に整理して述べられている。

まず、最初に「外国人の取扱いに関する一般国際法上の諸点」について述べられている。ここでは「一旦入国した外国人は(特権者を除き)その国家の主権の下に立つことは明らか」であり、

「国家にその領域内に在る外国人を国外に追放する権利があることは国際法上一般に認められる所」であるとしている。[30]また、「追放された外国人の本国は、その在外臣民保護権に基づき在留国に対して追放の理由を問うことができるが、追放に処せられた自国民を終極的に自国領域内に収容しなければならぬ義務、すなわち引取義務を負つている」[31]として、日本政府による収容者の強制退去には何の問題もないとしている。

二点目は、在日朝鮮人が果たして外国人か否かの問題である。当時の大村収容所に収容されている者を含めて日本にいる朝鮮人を、①「韓国国民として独立後に入国した者」と②「戦前戦中より引続き日本に在る者」の二つのタイプに区分し、前者は「外国人として正式に入国したもの」か或いは「密入国者」であるから問題はないが、後者が「如何なる国籍を有するかについては疑問」があるとしている。[32]すなわち、後者の在日朝鮮人は「占領中は、SCAPの方針により一般日本人とは異なつた特殊な取扱いがなされていた」が、日本の敗戦により直ちに日本国籍を喪失したものではなく、平和条約発効日から「朝鮮人は内地に在住している者を含めてすべて日本の国籍を喪失する」として、日本政府の既存の立場を再確認している。ところが平和条約では朝鮮（韓国）が条約締結の当事国ではなかったので、在留朝鮮人の国籍に関し何等の規定もなされなかつた。その上に日韓会談が「決裂状態」であったため、「在留朝鮮人の国籍」は「疑問が存する」ままの状態であるとしている。[33]

続いて第三点として、在日朝鮮人と韓国国籍との関係を、「在留朝鮮人が韓国国籍を有するとなす根拠」と「在留朝鮮人が韓国国籍を有しないという根拠」とに分け、詳述している。在日朝鮮人が「韓国国籍を有するとなす根拠」としては、まず、日本が平和条約で「朝鮮の独立を承認」し、平和条約が発効した日以降は「在留朝鮮人は日本国籍を失うと定めた」ことをあげている。[34] さらに、一九四八年に制定された「大韓民国国籍法」にその根拠を求めている。すなわち、その第二条で「出生したとき父が大韓民国の国民であつた者」という父系血統主義を掲げる韓国国籍法の規定は、「朝鮮人が我が国（日本：引用者）の施政中、韓国国籍を失い、日本国籍を取得したことが無かつたという前提」に立ち、韓国併合当時の韓国人及びその子孫はどこに居住するかに関係なく韓国民であるとしており、これに基づけば、当然在日朝鮮人も韓国人ということになる、としている。[35] また、この国籍法に基づいて制定された在外国民登録法によって設置された在外国民登録機関（駐日代表部）で「大韓民国国民登録証」を発給している事実に照らしても、「韓国が在留朝鮮人を韓国人と看做している」と判断されるという。[36] 要するに、「桑港（サンフランシスコ：引用者）条約により朝鮮の独立を認めるとともに、同条約発効と同時に在留朝鮮人は日本国籍を失った」とする日本側も、在日朝鮮人が大韓民国国籍を有するという法令を制定し、日本においてこれに基づく措置を実施している韓国側も、在留朝鮮人の国籍に関する見解の相違はなく、彼らは当然「大韓民国人」であるというわけである。[37]

他方、在日朝鮮人の韓国国籍を否定する根拠としては、「昭和二七年五月一二日の第八回強制送還に際し、韓国側は密入国者のみを受取り、従来よりの在留者の受取りを拒否」したことをあげている。さらに一九五三年五月一三日の日韓会談の席上における洪璡基法務局長の発言に留意している。すなわち、洪局長はそこで、「国籍は協定により国際法上確定されるものと考えており、それまでの間は対日関係において法律上未確定」であるとのべ、さらに「韓国籍を積極的に否定するものではないが、日韓間の関係においては協定が成立せぬ限り法的には韓国籍が確定されない」と発言していたのである。日本側はこの洪局長の発言を「従来の立場を完全に変える」ものだと見ていた[38]。それとともに日本側はこの局長発言には一理があるとし、その理由として次の点を指摘している。すなわち、「一国の領域より新独立国が成立する場合旧領有国に居住する新独立国系のものの国籍が如何に処理されるかという点について条約先例を見るに、ヴェルサイユ諸条約によって新しく独立国となつた国々（ポーランド、チェコ、ユーゴー）の国民で旧領有国に定住するものに条約発効後二年以内の間新独立国の国籍を選択する権利が認められた」こと、さらにヴェルサイユ諸条約によると、「旧領有国にある新独立国人は、新独立国国籍を選択し得るのであつて、二年以内にかかる権利を行使しない者は当然に旧国籍を保持し続け、又二年以内であつても国籍選択権を行使するまでの間は旧国籍のみを保有」するものとされていた。つまり、洪局長の主張は、「新独立国民の国籍に関する問題がヴェルサイユ諸条約という国際協定によって決定されたということ及びそれまでの間国籍は完全に確定していなかったということを先例的事実として述べている限りにおいて正しい」と評価されたのである。また、「協定というような形式的に明白な両当事国の合意がなければ、問題が起った時に両当事国間において確定的な解決が困難であるという意味においても正しい」ともされた(39)。

そして、日本側が下した結論は、「朝鮮の独立の如く新独立国ができた場合、旧領有国との関係において新独立国民の国籍を確定するために独立と同時に発効する」が、韓国は「桑港条約の当事国でなく、しかも正式独立以来既に三年半を経過した今日に至っても日韓間に存在するあらゆる問題が解決されない状態においては、終戦以来独立当時における両当事国の法令の適用、行政措置等によってその意図を判断して解決してゆくより他に方法がない」というものであった(40)。つまり、韓国の「独立当時においては両当事国の意図は全く合致」していたのであり、韓国側による「その後の新しい主張にもかかわらず、(かかる主張も韓国籍を全く否認するものではない)在留朝鮮人を韓国人であると認め、そのように取扱って行くことにつき十分な根拠を有する」と結論付けられた(41)。こうして韓国側が「在留朝鮮人の韓国籍は確定されていないと主張しながらも依然として在外国民登録法の適用」を継続し、また「在留朝鮮人保護の主張」を継続することは、「完全に矛盾」しており、韓国籍未確定という主張は成立しないと述べている。また、このような日本側の主張に対して韓国側が承服することはないだろうが、「第三者の裁断に訴えるならば、我が方の（日本側：引用者）結論が支持される公算極めて大」であるとしていた。[42]

第四点目は、「在日朝鮮人は現在国際法上日本に入国滞在の権利があるか」ということである。この点については日韓間で「入国、滞在に関し、何等の条約がない」し、「日本は在日朝鮮人を韓国民として取扱う十分な根拠を有す」ので、彼らの入国／滞在に関しては、前述した「入国した外国人は（特権者を除き）その国家の主権の下に立つ」ということを再確認している。[43]

第五点目は、「日本は前科者その他の好ましからざる在日朝鮮人を国外追放に処する権利があるか、韓国は国外追放に処せられた朝鮮人を引取る義務があるか」という点である。この点については、「国際法上日本は国際的に認められた一定基準に従い、韓国人を国外追放する権利を有し、韓国はこれを受とる義務を有す」と見ていた。ただし、「韓国人は従前日本人であったのであるから道義的」には国外追放の「基準を相当高くとることが望ましいことはいえるであろう」と付言している。[44]

第六点目は、「日本は刑期を終了した朝鮮人を大村収容所に収容することができる」ということについてである。この点については、先に見たように日本は強制退去の権利を有しており、韓国はこれを受け入れる義務があるので、「かかる権利義務実行のため収容することは当然認められ」、さらに韓国が強制退去対象者の引取義務に反してこれを拒否しているため、「収容が長期にわたることがあつても」、「日本は国際法上なんらの責任を負わされることはない」としている。[45]

第七点目は、「大村収容所収容の朝鮮人と李ライン侵犯日本人との相互釈放の合法性」に関する問題である。これについては、日本側が国際法上の根拠を持っているのに反して、韓国側は全く国際法上の根拠を持っておらず、すでに日本漁船の「拿捕からして国際法違反」であるとされている。したがって、大村収容所収容者の釈放問題と李ライン侵犯日本人漁民とを同一線上で取引するということは、「両者の法律的価値からいつてもおかしい」のであり、相互釈放問題は「国際法上の問題」ではなく、「専ら政治的考慮に基づいて判断せらるべき問題」であるとされている。ここで大村収容所収容者の釈放問題が日本の国内法と関連付けてどのように解釈することが可能かについて検討されている。日本の出入国管理令第五二条第六項には、「退去強制を受ける者を送還することができないことが明らかになつたときには、その者を放免することができる」という任意規定の項目がある。ここで「送還することができないことが明らかになつたとき」というところが「現実の事態に適合しているか否か」という問題は残るものの、出入国管理令第五二条第五項で収容所への収容も任意規定であるので、第六項の「明らかになつたとき」を「厳密に解する必要はなく、外国にある受入れが極めて困難であると判断されれば良いと解釈して差支えない」とされ、「韓国で受取りが困難であり、しかも韓国以外に受入れ国はない」場合には、前述した「送還することができないことが明らかになつたとき」と認めて、「放免することができると解釈しても法令上は差支えない」としていた[46]。

最後に、八点目に「大韓民国政府は朝鮮全体を代表し得るか」という問いが立てられている。これについては「極めて困難な問題」であるものの、「大韓民国政府が全朝鮮を代表すると主張しているのであるから本件に関しては現実的な問題とならないのでここで論じない」と、明確な回答を回避している[47]。

以上、やや長きにわたったが、この直後の同年一〇月二四日に、上記の文書を踏まえて作成されたであろう「大村収容所に収容されている朝鮮人に関する問題[48]」という文書でも、①「国籍に関する諸問題」、②「退去強制に関する問題」、③「継続収容の問題」という3つの項目を立てて、それに対する日韓両国の見解と措置、およびそれに対する所見を明らかにしている。この文書には、「条約局と協議済みのもの」という手書きのメモが残されているが、先に検討した文書の内容とほぼ一致する。ただし、③「継続収容の問題」という項目で「長期収容の理由として治安上の考慮を強調することは、日本人の出獄者の扱いとの関連より適当ではない」という点と、「悪質犯罪者の類別に関する両国間の合意と並行して、仮放免制度を拡大運用することが、暫定的措置として現実的であると思う」という点が追加されている。③の「継続収容の問題」、すなわち長期収容者は、日本の刑罰法令違反者が大半を占めていたが、これは韓国政府が彼らの引取りを拒否したり、逆送還したりして収容が長期化した者たちであった。「治安上の考慮を強調」するのが「適当ではない」というのは、対韓交渉上適切ではないということであるが、日本側の内部的理由として、「国内治安の面からいつてもそのまま放置することを許されないもの」[49]であったからである。ただ、彼らの釈放問題は「収容所の収容能力がすでに飽和状態に達しつつある現状」と「長期収容を継続することに対して人道的見地からなされる国際的な批判」などを考慮して、「退去強制処分の基準を極度に緩和」するとともに、「収容の比較的長期にわたる者については、最近における退去強制基準との均こう等をも参酌し、事情の許す限り、仮放免の措置をとつてい」たのである。[50]

三　収容者の相互釈放問題の妥結、そして悪循環の繰り返し

外務省主導のこのような対応策に対して法務省と治安関係官庁は「抑留漁民の問題に関連して犯罪人を釈放することには反対」の立場であった。

一九五五年一一月一六日、韓国の金溶植公使は花村四郎法務大臣と会合を持ち、①「日本政府は一九四五年八月前から日本に在住する韓国人を大村収容所から解放する」、②「韓国政府は一九五四年八月以降日本に不法入国した韓国人を引取る」、③「韓国政府は刑期を終えた抑留日本人漁民を送還する」という三項目の協議が成立したという趣旨を新聞発表した。花村大臣は金公使の提案を「研究してみる」と約束したに過ぎないと、すぐにこれを否定したが、その後、韓国側は金・花村会談の三項目をもとに問題解決を強行していくことになった[51]。

そして、翌一七日には韓国軍当局が平和線侵犯日本漁船に対する発砲方針を発表し、さらなる強攻策に出た。韓国側の強攻策が続く中で、日本国内では李ライン問題と日本人漁師の抑留問題などに対する関心が高まり、問題解決を促す声が高まった。そこで日本の外務省は、釜山収容所に抑留されている日本人漁師の帰国問題の年内解決を目指し、大村収容所問題を日韓間の他の懸案事項と切り離し、この問題解決を日韓会談再開の糸口にするという戦略を立てた。外務省の中川アジア局長は、この問題解決のために次のような四つの項目を骨子とする具体的方針をまとめ、法務省と協議した。すなわち、それは、①「日本側は大村に収容中の終戦前からの在日韓国人刑事犯罪者約三五〇名を仮放免する。仮放免は毎月七〇名ずつ行う」、②「韓国側は釜山の外人収容所にいる日本人漁夫約二七〇名を速に送還する」、③「韓国側は終戦後の不法入国者、及び正規入国者で入管令の規定により既に退去強制を受けている者約一、三〇〇名及び今後の同種の者を引取る」、④「今後は終戦前より在日する韓国人の刑事犯罪者中三犯以上其の他の悪質者を韓国が引取る」というものであった[52]。法務省側は「将来の犯罪人引取りに対する韓国側の保証がないことを懸念」して、これを認めなかったが、一二月六日に至り、日本政府は関連閣僚会議を持って「釜山収容所に収容中の邦人漁夫救出問題の速やかな解決を計るためには、大村収容所の問題についても政治的考慮を加う」ことを決定した。しかし、この後も特別な進展はなく、中川アジア局長は、一二月一四日、柳泰夏参事官に上記四項目に準ずる内容を私見であると断って提示し、韓国側がこれを受け入れる場合には関係方面の説得に乗り出すと述べたが、柳泰夏参事官は金・花村会談で合意した線で解決するよう主張した[53]。さらに一二月二六日に日本側が修正案を柳泰夏参事官に示し、これに対する意向を打診すると[54]、韓国側は日本側案の①「七〇人ずつの放免」、②犯罪者の引き取りに関する「今後の措置につき協議すること」、③「協議妥結までの間相互人道的取扱いをすること」という三点に対して反対意見を出した[55]。日本側は、①の反対意見に対して「犯罪人の釈放であるから、社会に融合させるため、段階的に行うことは是非必要である」と説明し、②及び③の点については、「国際慣例上この種の者を引取ることは当然である」と主張して、韓国政府の最終的な回答を求めた。明けて一九五六年一月六日になって出された韓国側の回答は、①「日本政府は日本の外国人収容所に収容されて居る韓人中終戦前より日本に居住して居た者は之を直ちに釈放する」、②「韓国政府は韓国の外国人収容所に収容されて居る日本人漁夫にして刑期を満了した者は之を直ちに送還する」、③「韓国政府は終戦後日本に不法入国した者及び正規入国者にして日本政府より既に退去命令を受けて居る韓国人の送還は之を受取り今後も之に該当する韓国人の送還は之を受取る」というものであった[56]。日本側は韓国案が「大村収容所の在日韓国人の釈放を要求するのみで」、刑事犯罪人の将来の取扱いに関して触れていない点に反発し[57]、事務的交渉は終止符を打つことになった。

その後、一九五六年三月のダレス米国務長官の日韓両国訪問を契機に日韓会談再開の機運が高まると、重光葵外相は三月二八日に金溶植公使と会談を持った。ここで双方は、日韓会談の再開のための非公式予備会談を開催することと釜山収容所に抑留されている日本人漁民の送還および大村収容所収容者問題の解決のために努力することで原則的合意を見た。これを推進するために重光外相は[58]、①「韓国政府は刑期を終えた日本人漁師を釈放する」、②「韓国政府は密入国者（終戦時以降の者）を引取る」、③「日本政府は終戦時以前から日本に在住する韓人にして大村収容所にある者を釈放する」という三項目の方針を策定した。ただし、「これらの者が日本に留まるや帰国するや否やは、その自由意思に任せる」こととし、「釈放の実際的な方法については、在日韓国代表部側委員と日本政府側委員との間において事務的に協議決定する」とした。ここで法務省側から上記の③の点に関して、「本項に該当する韓人は従来から法務省により韓国籍者として取扱われてきた」ために「これを否定し、日本人として取扱われない」ということと、「韓国政府からこの種の刑余者を将来は引取るべき旨の確約を取ること」という条件が出されている。[59] これに対し重光外相が第一の条件は承認し、第二の条件は法務省が提示した線で努力することを約束し、閣議了承が得られている。

そして、四月二日に重光外相は金溶植公使と改めて会談を持ち、上記の三項目を提示して、大村収容所と釜山収容所の抑留者の相互釈放について原則的合意を見た。[60] この後、金・重光合意を受けて日韓間で事務協議が行われているが、そこで日本の法務省側が悪質朝鮮人を将来韓国側が引取るよう要求し、韓国側がこれを拒否したため、事務協議は中断した。[61] 事務協議の中断後も駐日代表部と外務省は非公式会合を重ね、その結果、ようやく韓国側が「将来日韓会談で話合成立すればそのラインで悪質韓国人の引取りは同意する旨の意向を表明」するに至った。ただ、日韓会談で本件の合意が成立するまでは法務省が大村収容所に悪質朝鮮人を収容しないことを要求した。[62] これに対し、日本の法務省は「可能な限り収容を自制するということには異議がないが、まったく収容しないと約束することは国内法制の原則上及び国内治安の見地上絶対に同意できない」という立場を固守した。一方、韓国側は抑留者の相互釈放問題に止まらず、日韓会談再開の条件に掲げていた久保田発言の撤回、日本の対韓請求権の放棄、平和線問題などに対する日本側の意向を探っていた。このように大村収容所問題に関する日韓交渉は、日本政府内の見解の不一致と韓国側の議題拡大の試みにより、核心的課題であった抑留者の相互釈放問題についてさえ実質的合意を見いだせずにいた。

それでも一九五七年一月に入って、ようやく抑留者の相互釈放に関する覚書が日韓間で交換された。その内容は、韓国政府は①日本人漁師を本覚書の発効後、速やかに送還すること、②韓国人密入国者の送還を早急に引取ること、日本政府は①終戦前から日本に居住している韓国人で退去強制処分にかけられ入国者収容所に収容されている者を釈放すること、②被釈放者の生活指導の必要性も考慮すること、というものであった。さらに、付属の了解事項として、①日韓会談の再開後、同会談で在日韓国人の処遇問題が解決されるまで、日本政府は韓国人刑罰法令違反者の強制退去のための収容を自制すること、②日韓両国政府は法的根拠なしに相互に相手国国民を逮捕抑留しないことを約束することが付け加えられた[63]。

さらに同年一二月三一日には、金裕澤大使と藤山愛一郎外相の間で次のような共同声明が発表された[64]。すなわち、「日本国政府が、第二次世界大戦の終了前から日本国に引き続き居住している韓人で日本国の入国者収容所に収容されているものを釈放すること、及び大韓民国政府が、韓国の外国人収容所に収容されている日本人漁夫を送還し、かつ、第二次世界大戦後の韓人不法入国者の送還を受け入れること」を双方で合意したのである。これに加えて韓国側が要求してきた、久保田発言の撤回、日本の対韓財産請求権の放棄、第四次日韓会談の再開という内容もそこに盛り込まれた。

こうして一九五八年四月から第四次日韓会談が開催され、この枠組みの中で相互釈放問題の議論も進められたが、時あたかも在日朝鮮人による北朝鮮への帰国運動が高揚すると、日本政府が彼らの北朝鮮への帰国を許可し、大村収容所内の北朝鮮行きを希望する収容者らにも同様の対応を示したため、韓国側はこれに強く反発した。このため大村収容所と釜山収容所では収容者の釈放と抑留が繰り返されるという悪循環が続くことになったのである。

おわりに

大村収容所問題が日本政府の懸案事項の一つとして浮上した理由は次の二つに整理することができる。一つは、当初GHQ占領下で始められた韓国人の密入国者や在日朝鮮人犯罪者の強制送還が、平和条約締結後、日本政府の主権行使の下で初めて行われた第八次送還から韓国側の引取り拒否という壁にぶつかったことである。このため大村収容所の収容能力も徐々に飽和状態に至るようになった。もう一つは、韓国政府が大村収容所収容者の釈放問題を抑留日本人漁師の釈放問題と絡ませたという点である。ここには日韓会談における懸案事項の突破口としようとする韓国政府の思惑が働いていたと考えられるが、原則的に認められない問題提起を受けて日韓間の交渉は難航した。しかし、問題の長期化にいらだつ漁業関係者らの運動に押されて、日本政府は抑留されている自国漁民の釈放のために大村収容所問題に応じざるをえなかったのである。

こうして日本政府は大村収容所問題に対する方案を用意することになるが、その内容は大きく以下の三点に要約することができる。第一は、自国の法令に基づき外国人に退去を強制することは、主権国家の正当な主権行使であり、相手国はこれを引き受ける義務があるとしていることである。第二は、在日朝鮮人は日本の敗戦により日本国籍を喪失したのではなく、平和条約の発効日から喪失するとしていることである。そして、その根拠は、平和条約によって日本の植民地放棄が正式に確認され、日本が朝鮮（韓国）の独立を承認したという点に置かれているということである。つまり、日本政府の国籍論は、朝鮮植民地支配が既定の事実であるという認識の上に構築された国籍論であったのである。第三は、大村収容所と釜山収容所の収容者を相互に釈放するという問題は、国際法上の根拠の有無（日本側には根拠があり、韓国側には根拠がないという主張）から同一線上で議論する問題ではなく、両者を絡めて論じることは専ら政治的判断に委ねられるべきだとしている点である。

これらの対応策は、韓国側の認識とは距離が遠いものであった。いくら日本が強制追放と引取りを国際法上の正当な主権行使であると主張しても、韓国側からすればそれは身勝手な主張であった。大村収容所問題の理解を得るためには、在日朝鮮人の国籍問題に対する共通認識が必要であった。しかし、植民地支配の正当性を主張する日本とこれを否定する韓国との間で合意を得ることはできなかった。したがって、最終的には、日韓両国間のそれぞれの立場で最優先される課題を解決するために、政治的判断に基づき、譲歩するところは譲歩しながら解決を図るしかなくなったのである。このため大村収容所と釜山収容所の収容者たちは、長期収容という犠牲を強いられることになった。

長期にわたる一連の交渉を通して、韓国側は久保田発言と日本の対韓財産請求権主張を撤回させ、第四次日韓会談を再開させるという当面の目標を達成し、日本政府は拿捕漁民の送還と大村収容所問題の一応の見通しをつけることに成功した。

しかし、大村収容所問題に対する日本政府の対応策は密入国者や好ましからざる在日朝鮮人を強制送還するための論理に終始していたように思われる。徹底した法理論に基づき、朝鮮半島に二つの政府がある現実と一部の在日韓国人が大韓民国に加担していない事実とを踏まえて第一次日韓会談で見せた在日朝鮮人の国籍問題に関する論理[65]とは全く別の論理のように見える。つまり、大村収容所問題に限って言うならば、強制退去対象者を強制送還するために在日朝鮮人の韓国籍を主張する韓国政府の姿勢を利用しようとする意図が随所に垣間見られるのである。

敗戦直後から初期日韓会談期に至る日本政府の在日朝鮮人認識を象徴的に示しているのは吉田茂首相のマッカーサー宛ての書簡(66)の内容である。一九四九年八月末から九月初めに送られたと推定されるこの書簡で、吉田首相は、在日朝鮮人の「半分は不法入国者であり、日本経済に貢献していない」と断言している。また、「共産主義者やそのシンパ」である在日朝鮮人は「原則として全員送還」すべきであり、「日本経済再建に貢献することができると見られる者に限り在留許可を認めたい」というものであった。このように「原則として全員送還」すべき排外施設がまさに大村収容所であった。

後日、人道的観点や居住地選択の自由を口実にして在日朝鮮人の北朝鮮への帰国事業が推進されたが、そのとき重要な役割をした日本赤十字社が一九五六年に発行した『在日朝鮮人帰国問題の真相』という冊子には、次のように記述がある。これは北朝鮮への帰国事業に対する韓国側の反発を多分に意識したものではあるが、人道的観点や居住地選択の自由とはかなりの距離感のあるもので、排外意識が明白に込められている一文と言えよう。

在日朝鮮人を多少北鮮〔ママ〕へ送還したからといって、それだけのことで何も日本と朝鮮との間に政治的な密接な関係を生ずるような、簡単なわけには行かない。反って在日朝鮮人の問題さえ片付けば日本側としてはサバサバして、日本と北鮮（ママ）との関係は寧ろ問題が無くなってしまうことになる。

それに生活の出来ない朝鮮人が日本に居なくなることは、在日朝鮮人全体の生活が楽になることであり、それ丈け赤化の対象がなくなり又在日朝鮮人中の南鮮（ママ）側の比重が重くなることになる。[67]

【注】

（1）本章は동북아역사재단 한일역사문제연구소 편〔東北亜歴史財団韓日歴史問題研究所編〕『한일협정과 한일관계 1965년 체제는 극복 가능한가?〔韓日協定と韓日関係 一九六五年体制は克服可能か？〕』東北亜歴史財団、二〇一九年で公表したものを本書の形式に合わせて編集したものである。

（2）趙慶喜「불안전한 영토 밖의 일상―해방 이후 1970년대까지 제주인들의 일본 밀항―〔不安全な領土外の日常―解放以降一九七〇年代までの済州島人の日本密航―〕」権赫泰・李定垠・趙慶喜編『주권의 야만―밀항、수용소、재일조선인〔主権の野蛮―密航、収容所、在日朝鮮人〕』

ハンウルアカデミー、二〇一七年、一四二頁。

（3）李定垠「예외상태의 규범화된 공간, 오무라수용소：한일국교수립 후, 국경을 넘나든 사람들의 수용소 경험을 중심으로（例外状態の規範化された空間、大村収容所：韓日国交樹立後、国境を往来する人々の収容所経験を中心に）」韓国社会史学会編『社会と歴史』第一〇六集、二〇一五年。

（4）聖公会大学校東アジア研究所の一連の研究成果を収録した前掲の『主権の野蛮—密航、収容所、在日朝鮮人』には大村収容所に関する韓国内の研究が網羅されている。

（5）田甲生「오무라 수용소와 재일조선인의 강제 추방 법제화（大村収容所と在日朝鮮人の強制追放法制化）」権赫泰・李定垠・趙慶喜編『主権の野蛮—密航、収容所、在日朝鮮人』、二〇一七年、一八六頁。（初出「大村収容所と在日朝鮮人の強制追放法制化」歴史問題研究所編『歴史研究』第二八集、二〇一五年）。同「한국전쟁기 오무라수용소（大村收容所）의 재일조선인 강제추방에 관한 연구（韓国戦争期大村収容所の在日朝鮮人強制追放に関する研究）」韓国ジェノサイド研究会編『ジェノサイド研究』第五集、二〇〇九年。

（6）車承棋「수용소라는 안전장치 – 오무라 수용소, 폴리스, 그리고 잉여（収容所という安産措置—大村収容所、ポリス、そして余剰）」権赫泰・李定垠・趙慶喜編『主権の野蛮—密航、収容所、在日朝鮮人』、二〇一七年。

（7）玄武岩「한일관계 형성기 부산수용소／오무라수용소를 둘러싼「경계의 정치」（韓日関係形成期釜山収容所／大村収容所をめぐる「境界の政治」）」韓国社会史学会編『社会と歴史』第一〇六集、二〇一五年。（初出「日韓関係の形成期における釜山収容所／大村収容所の「境界の政治」）同時

代史学会編『同時代史研究』第七号、二〇一四年)。同「(밀항・오무라수용소・제주도：오사카와 제주도를 잇는「밀항」의 네트워크)(密航・大村収容所・済州島：大阪と済州島をむすぶ密航のネットワーク)」済州大学校在日済州人センター編『재일제주인과 마이너리티(在日済州人とマイノリティー)』京仁文化社、二〇一四年。(初出「密航・大村収容所・済州島：大阪と済州島をむすぶ「密航」のネットワーク」『現代思想』第三五号、青土社、二〇〇七年)。

(8)李定垠 前掲論文(二〇一五年)。同「「난민」아닌「난민수용소」、오무라(大村)수용소—수용자・송환자에 대한 한국정부의 대응을 중심으로—(「難民」ではない「難民収容所」大村収容所—収容者・送還者に対する韓国政府の対応を中心に—)」韓国社会史学会編『社会と歴史』第一〇三集、二〇一四年。

(9)この他にも韓国内の研究としては、崔永鎬「1957년 한일 억류자 상호석방 각서의 경위와 결과(一九五七年韓日抑留者相互釈放の経緯と結果)」韓日民族問題学会編『韓日民族問題研究』(第三二集、二〇一七年)がある。日本国内の関連研究としては、朴正功『大村収容所』(京都大学出版会、一九六九年)、挽地康彦「大村収容所の社会史(1)—占領期の出入国管理とポスト植民地主義—」(西日本社会学会編『西日本社会学会年報』第三号、二〇〇五年)が注目される。

(10)大村収容所の設置、法制化過程は田甲生の研究を参照されたい。

(11)外務省アジア二課「在日朝鮮人の退去強制と大村収容者釈放問題」昭和二八年一一月、文書番号八五八、一〜九頁。

(12)これに関連しては鄭栄桓(在日朝鮮人の「国籍」と朝鮮戦争(一九四七〜一九五二年)—「朝

鮮籍」はいかにして生まれたか）」明治学院大学国際平和研究所編『PRIME』第四〇号、四〇頁。
（13）金鉉洙『일본에서의 한일회담 반대운동—재일조선인운동을 중심으로—（日本における韓日会談反対運動—在日朝鮮人運動を中心に—）』図書出版先人、二〇一六年、一八二～一八四頁。
（14）外務省アジア局第一課「大村収容中の韓国人問題」一九五六年一二月一八日、文書番号一二九四。二～三頁。
（15）法務省入国管理局「韓国向強制送還状況について」昭和三一年四月一〇日、文書番号八六四。一頁。
（16）同上文書番号八六四、一～二頁。
（17）同上文書番号八六四、二頁。
（18）同上文書番号八六四、二頁。
（19）一九四七年二月四日、GHQは日本漁船の漁業禁止線を宣布したが、平和条約の締結によってこの漁業禁止線が効力を失うと、李承晩は一九五二年一月一八日に国務院公告第一四号による隣接海洋に関する主権宣言を宣布した。これを韓国では平和線、日本では李ラインと呼ぶ。韓国政府はまた、同年一二月一二日には漁業資源保護法を公布し、平和線の水域内で操業をするものは主務長官の許可を受けなければならないと規定した。これを根拠に日本漁船が平和線内で操業をする場合、韓国国内法に抵触する不法漁労とされたのである。
（20）吉澤文寿『戦後日韓関係—国交正常化交渉をめぐって』クレイン、二〇〇五年、六三頁。
（21）韓国による拿捕漁船と漁船員数（一九六〇年五月現在）

	漁船（隻）	未帰還漁船（隻）	沈没（隻）	漁船員（人）	未帰還漁船員（人）
1952	10	5	・	132	・
1953	47	45	・	585	・
1954	34	28	・	454	・
1955	30	29	・	498	・
1956	19	16	・	235	・
1957	10	10	・	98	・
1958	9	9	・	93	・
1959	9	8	・	91	4
1960	・	・	1	13	13
合計	169	150	1	2199	17

＊出典：海外事情調査所編『朝鮮要覧―南鮮・北鮮・在日朝鮮人運動（一九六〇年版）』武蔵書房、一九六〇年八月、七一頁から再構成。

(22) 外務省アジア局第五課「わが抑留漁民と大村収容所問題との関連について」昭和三一年一月一五日、文書番号一二六六、一二頁。

(23)「한일회담 제3차회담 경과 보고〔韓日会談第三次会談経過報告〕（1953．10．20）」외무부정무과「제3차 한일회담（1953．10．6−21）본회의 회의록 및 1−3차 한일회담 결렬경위〔外務部政務課「第三次韓日会談本会議会議録及び一～三次韓日会談決裂経緯〕1953．10−12」」（723．1JA 본 1953．10）、一二八二頁。

(24) 吉澤文寿 前掲書、六五～六六頁。

(25) 前掲文書番号一二六六、二～三頁。
(26) 前掲文書番号一二六六、三頁。
(27) 前掲文書番号一二六六、三頁。
(28) 前掲文書番号一二六六、四頁。
(29) 外務省「大村収容所に収容の朝鮮人に関する法律問題（未定稿）」昭和三〇年一〇月七日、文書番号八六四。
(30) 前掲文書番号八六四、一～二頁。
(31) 前掲文書番号八六四、三頁。
(32) 前掲文書番号八六四、六頁。
(33) 前掲文書番号八六四、六～七頁。
(34) 前掲文書番号八六四、七頁。
(35) 前掲文書番号八六四、八頁。
(36) 前掲文書番号八六四、八～九頁。
(37) 前掲文書番号八六四、九～一〇頁。
(38) 前掲文書番号八六四、一一頁。
(39) 前掲文書番号八六四、一二～一三頁。
(40) 前掲文書番号八六四、一四頁。
(41) 前掲文書番号八六四、一四～一五頁。

(42) 前掲文書番号八六四、一五頁。
(43) 前掲文書番号八六四、一五〜一六頁。
(44) 前掲文書番号八六四、一六頁。
(45) 前掲文書番号八六四、一七頁。
(46) 前掲文書番号八六四、一八〜一九頁。
(47) 前掲文書番号八六四、一九〜二〇頁。
(48) 外務省亜五課「大村収容所に収容中の朝鮮人に関する問題」昭和三〇年一〇月二四日、文書番号八六四。
(49) 入国管理局「朝鮮人刑罰法令違反者の釈放問題について」一九五六年四月九日、文書番号八六四、二一〜三三頁。
(50) 同右、三三頁。
(51) 外務省アジア局第五課「わが抑留漁民と大村収容所問題との関連について」一九五六年一月一五日、文書番号一二六六、七頁。
(52) 前掲文書番号一二六六、八〜九頁。上記四項目は一九五〇年一一月一〇日に作成された外務省「抑留者に関する対韓折衝要綱の件」文書番号一二六九とほぼ同じ内容である。(人数は空欄)
(53) 前掲文書番号一二六六、九頁。
(54) 外務省アジア局「抑留者に対する対韓交渉要領の件」昭和三〇年一二月一六日、文書番号一二六四。

(55) 前掲文書番号一二六六、一〇頁。
(56) 前掲文書番号一二六六、一六頁。
(57) 前掲文書番号一二六六、一〇頁。
(58) 外務省「在韓抑留日本人漁夫と在大村韓人問題解決に関する件」一九五六年三月三〇日、文書番号一二六八、一～二頁。
(59) 外務省「在韓抑留日本人漁夫と在大村韓人問題解決に関する件」一九五六年三月三〇日、文書番号一二六八、二頁
(60) 外務省アジア局「日韓問題に関する件」一九五六年四月五日、文書番号一二七五、一頁。
(61) 外務省アジア局「日韓間抑留者相互釈放問題」一九五六年一二月二五日、文書番号一二九六、五頁。
(62) 前掲文書番号一二九六、五頁。
(63) 外務省アジア局「覚書　在韓抑留日本人漁夫と被退去強制在日韓人の措置に関する件」一九五七年一月一九日、文書番号一五一七。
(64) この点については崔永鎬の前掲研究が参考になる。
(65) 金鉉洙　前掲書、一八二～一八四頁。
(66) 袖井林二郎編訳『吉田茂＝マッカーサー往復書簡集』法政大学出版局、二〇〇〇年、二七六～二七七頁。
(67) 日本赤十字社稿訂再版『在日朝鮮人帰国問題の真相』一九五六年、一〇～一一頁。

第五章　日韓会談における文化財返還交渉についての再検討[1]

厳泰奉

はじめに

本稿の目的は、日韓会談における文化財返還問題（以下、「文化財問題」）をめぐる交渉過程を再検討することにある。周知のように、日韓両国は一九五一年一〇月から植民地支配に対する過去の清算及び新たな国交樹立のために日韓会談を開催した。文化財問題とは、朝鮮から日本に搬出された文化財をどのように処理するかという問題であり、基本関係問題、請求権問題、船舶問題、在日韓国人の法的地位問題、漁業問題とともに日韓会談の重要な議題の一つであった。これらの議題と同様、文化財問題も激しい議論が展開され、その結果、第七次会談で「日本国と大韓民国との間の文化財及び文化協力に関する協定」（以下、「文化財及び文化協力協定」）として妥結された。

会談の初期、韓国側は文化財問題に関して「植民地支配は不法であり、不法・不当に搬出された文化財を法的義務として返還してもらう」との立場をもとに、できるだけ多くの文化財を返還してもらおうとした。他方、日本側は「植民地支配は合法であり、当時日本が搬出した文化財は合法的に行われたため、返還の義務はない。自発的に若干の政府所有の文化財を寄贈する」との立場をもとに、できるだけ少数の文化財を寄贈しようと、文化財問題の議論に消極的かつ否定的な態度をとった。このように日韓両国の相反する立場が衝突する中で、文化財問題は一四年間の議論の末、約一、四〇〇点の文化財が韓国に引き渡されることで、ひとまず落ち着いた。韓国ではこのような文化財返還交渉に関し、返還ではなく引渡しであったことや、引き渡された文化財が量的・質的に不足していたことなど多くの批判がなされた。特に、この交渉が失敗したと評価される主な原因として、過去の清算を象徴する返還という文言が用いられなかったことが指摘されている。

韓国では、単に文化財返還交渉のみではなく、基本関係問題と請求権問題を中心に日韓会談に対する多くの批判が展開されてきた。研究者らは日韓会談で締結された協定につき、改正もしくは新たな協定を締結しなければならないと主張し、政治家や市民団体、被害者らもこれを廃棄もしくは改定しなければならないと主張した。[2]このように日韓会談は学問的にも社会的にも多くの批判を受けてきたのであるが、このような批判に関し、次の疑問が生じる。文化財返還交渉を考察するにあたっては、その基盤となる日韓会談に依拠することになるが、これまでの日韓会談についての議論の多くは批判的視点に立脚しており、それゆえ韓国側が日本側を説得して自分の意見を貫徹させたことなどは検討されていない。そこで、本稿では、当時の状況や議題についての議論の過程等の多面的要素を踏まえて、日韓会談の文化財返還交渉について再検討してみたい。

二〇〇五年以降、日韓両国で日韓会談関係の外交文書が次々と公開され、それは当時の会談の状況と議題の議論過程を正確に把握する契機となり、一次資料の分析を通じて日韓会談を再評価する研究も登場した。趙胤修は、漁業協商の結果が韓国側の一方的な譲歩であったとの先行研究の評価に対し、現在の立場から漁業協商を評価することは不当であると指摘し、日本側が領海設定問題で譲歩したことを明らかにし、韓国側は不利な状況の中でも、国益を貫徹させるために最善を尽くし、その結果は一方的な譲歩ではなかったと論じた。[3]劉義相は請求権協商に対する殆どの先行研究が批判的な立場をとっているのに対し、この協定が不完全で、批判を受ける部分があることを認めつつも、現在の立場からこの協定を評価することは適当であるのかと問題提起をした。そして、日韓会談当時の状況を考慮する時、この協定は韓国の外交交渉史において重要な意味を持つ成果として認められ、再評価されなければならないと論じた[4]。両氏は、一次資料を基づき、漁業協商と請求権協商の過程の緻密な分析を通じ、二つの協商に関する再評価を試みた。このような議論は、当該協商につき、よりバランスのとれた解釈を可能にし、これを通じ、日韓会談研究、さらには日韓関係研究に新たな視点を提供したことに意義がある。

本稿では、上記の研究と軌を一つにして、一次資料の分析をもとに文化財返還交渉を再検討する。文化財返還交渉を検証するとき、その結果はもちろん重要であり、それに伴う批判も真摯に受け止めなければならない。しかし、当時の環境的な制約や時代状況、日本の交渉態度など様々な要因を考慮せず、現在の価値判断と当為論的な立場から評価するというのは[5]、交渉の結果にのみ焦点を当てたのではないかとの疑問が生じる。協商の失敗という結果に焦点を当てるあまり、否定的な側面だけが浮き彫りとなり、韓国側は日本側の立場を一方的に受け入れて、譲歩したとの印象さえ感じられる。成功と失敗という二分法的視点ではなく、失敗に対する批判的な評価とともに交渉過程において肯定的に評価できる部分を検討することで、文化財返還交渉をバランスのとれた視点でみることができると思われる。

日韓会談関係の外交文書が公開されたことにより、文化財返還交渉をより正確かつ客観的に把握することができるようになった。韓国側がどのような状況で交渉に臨んだのか、交渉過程において韓国側が自分の主張を貫徹させたことがあったのか、そして、それがこの交渉においてどのような意味があったのかなどをより多角的に分析して、この交渉を再検討することが必要である。文化財返還交渉の結果に対する批判とともに、交渉過程において未だに十分に検討されてこなかった点を検討することで、この交渉に対するよりバランスのとれた解釈が可能となろう。これにより、より建設的で、かつ発展的な方向で文化財返還交渉をみることができる。本稿は文化財返還交渉を再検討することで、この交渉に対するよりバランスのとれた解釈をし、日韓会談研究と日韓関係研究において新たな論点を提示したことにその意義がある。

本稿では、以上のような問題意識をもとに外交史的アプローチを通じて、日韓会談の文化財返還交渉を再検討する。第一節では研究テーマと関係のある先行研究を検討し、研究方法を説明する。第二節から第四節までは「文化財返還関係会議の開催についての問題」、「文化財リスト提出についての問題」、「返還と寄贈についての問題」をそれぞれ検討し、終章では本論の議論を整理する。

一　先行研究の検討及び研究方法

1　先行研究の検討

日韓会談の文化財返還交渉についての先行研究は、交渉結果とあいまって批判的な視点からなされるものが多くみられた。まず、チェ・ソンホは、返還などの原状回復の意味がない用語の不明確性、日本政府の積極的な義務の履行が含まれない消極的な規定、私有文化財に関する合意の欠如などの問題を指摘した[6]。次に、クッ・ソンハは第一次会談から第七次会談までの交渉過程を検討し、文化財返還交渉は成功的でなかったと論じた[7]。チョウ・ブグンは、日韓会談の文化財返還交渉と韓国・フランス間の古書籍返還交渉が全て失敗した交渉であるとして、その原因を分析した[8]。その他、研究論文ではないが、返還が引渡しという曖昧な用語に変質され、北朝鮮出土の遺物が除外された、返還の義務を変質させ、私有文化財の寄贈の奨励は法的返還の請求権を放棄したという批判的な論考もある[9]。

以上の先行研究は、文化財返還交渉が失敗した要因と批判的な側面を検討したことに意義がある。しかし、それらは交渉の結果のみに焦点を当てたものが多く、一次資料を通じた緻密な分析が行われたものではなかった。それによって、韓国側が日本側の立場を一方的に受け入れたとの印象も感じられる。また、韓国側がどのような状況で日韓会談と文化財返還交渉に臨んだのかに対しても十分に考慮されていなかった。日韓会談に影響を及ぼした開催の背景、日本側の過去の清算に関する認識と交渉態度、米国の直接もしくは間接的な関与という対外的要因、そして、韓国の劣悪な外交インフラと交渉能力、名分と実利の妥協という不可避的な選択という対内的要因が十分に考慮されていなかったのである。[10]

これとともに、文化財返還交渉と関連して、日本側が寄贈という立場を頑なに維持したこと、韓国側が日本にある文化財を正確に調査することができなかったこと、日本さえも韓国文化財の所在が正確に把握できなかったことなどの韓国にとって不利な状況で、韓国側が交渉に臨まなければならなかったことも十分に考慮されていなかった。特に、日本側は寄贈という立場を貫こうとした。これは単に文化財を寄贈する、返還するという問題ではなく、植民地支配の正統性とつながる問題であったためである。日本側は、過去の清算と関連して、植民地支配が合法的であったとの立場を前提に会談に臨んだため、これに基づいて文化財問題に対して、植民地支配の当時に行われた文化財の搬出は合法的かつ正当であったとの立場を維持し続けた。したがって、返還という表現では植民地支配が違法なものになるということを認めることになるため、日本側は返還という表現を決して受け入れることはできなかった。[11]このように日本側の立場は、文化財返還交渉において韓国側には解決し難い大きな限界として作用したのであった。韓国側はこのような限界の中で、日本側を説得しつつ、できるだけ自国の立場に近づけようとすることが課題になった。

一方、文化財返還交渉の肯定的な側面を検討した研究もある。趙胤修は、日本政府の文化財リストの作成過程を中心に、第一次会談から第七次会談までの交渉を検討した。分析結果の一つとして、韓国側の専門家の活躍によって文化財返還品目が拡大されることができたことは、文化財返還交渉の成果であると評価した[12]。キム・ジヒョンは、日韓会談の文化財返還交渉とそれ以降の日韓の文化財問題を検討したが、結果的に文化財返還交渉は失敗したものの、第四次会談以降の韓国側の専門家の活躍は評価されるべき側面があり、肯定的に捉えることができると論じた[13]。以上の研究は、韓国側の専門家の活躍を明らかにしたことに意義があるが、専門家の活躍のみに焦点を当てたため、彼らが活躍した専門家会議がどのような議論を経て設置されたかについては検討されていない。専門家会議が開催された過程を検討することで、専門家の活躍、そして、文化財リストの議論など、専門家会議をめぐる様子を総合的に把握することができる。

本稿は以上のような側面を念頭に置きつつ、文化財返還交渉の過程において韓国側がどのような観点から自国の立場を貫徹しようとしたのか、そして、それがどのような意味を持つに至ったかなどを検討しつつ、文化財返還交渉を再検討する。

2 研究方法

本稿は、文化財返還交渉を再検討するために、韓国側がどのような点において議論を牽引し、それをどのように貫徹させたかについて検討する。このため「文化財返還関係会議の開催についての問題」、「文化財リスト提出についての問題」、「返還と寄贈についての問題」を検討する。以下では、三つの問題を検討する理由とその重要性に関して説明する。

第一に「文化財返還関係会議の開催についての問題」である。これは文化財問題の具体的な議論が行われるかどうかの問題であったため、最も重要な問題であったが、先行研究ではこの問題を注目していなかった。文化財問題は第一次会談から第三次会談まで請求権小委員会で請求権問題とともに議論されたため、請求権問題に比べて具体的な議論が行われなかった。日本側は文化財返還関係会議の開催に関して、消極的かつ否定的な立場をとったが、韓国側はこれを要求し続けた。その結果、日本側も韓国側の主張を受け入れ、第四次会談から文化財小委員会が開催され、これを通じて具体的な議論が進められた。仮に、文化財返還関連会議が設置されず、文化財問題は請求権小委員会のみによって議論されることとなっていた場合、文化財問題が具体的に議論される可能性は低かっただろう。本章第二節では、韓国側が日本側を説得し、文化財返還関係会議を開催すること、即ち、韓国側の主張が貫徹され、文化財問題の議論の場が整えられていくことに焦点を置きつつ、「日韓会議中断期の議論」、「文化財小委員会開催に関する議論」、「専門家会議開催に関する議論」を検討する。

第二に「文化財リスト提出についての問題」である。これは日本側が韓国側に渡す文化財の対象及び範囲について議論する問題である。「返還と寄贈についての問題」が抽象的かつ観念的な問題であった反面、この問題は具体的かつ実際的な問題であり、第四次会談以降の文化財返還交渉において重点的に議論された問題であった。当時、日本側は文化財問題の議論に対して、消極的な態度をとり続けた。しかし、韓国側は数回にわたって文化財リストを提出しつつ、日本側を議論に引き入れようとし、結局、日本側もそれを応じざるを得なくなった。即ち、文化財リスト提出という方法を通じて、文化財問題を具体的に議論することができたのである。先行研究ではこの問題に対して、どのような文化財がリストの対象となるのかにつき焦点を当てたが[14]、本稿第三章では韓国側が日本側を具体的な議論に引き入れるために文化財リストを提出したことにつき焦点を当てて、この問題を検討する。

第三に「返還と寄贈についての問題」である。これは文化財問題の中において過去の清算を象徴とする問題であり、現在も論難になっている問題でもある。韓国側は文化財を返還してもらうことで、過去を清算しようとしたのに対し、日本側は過去の清算とは関係なく、国交正常化の記念などの実際的な意味から文化財を寄贈しようとした。日本側は返還に関する法的義務はなく、自発的に若干の国有文化財を寄贈するとの立場を終始一貫として取り続けた。この問題は、植民地支配は合法的であったとの日本側の主張と関連するものであったため、日本側は返還という韓国側の立場を決して容認することができなかった。このような状況で、韓国側の現実的な選択肢は何であったのか。それは返還の名目を引渡しとすること、即ち、引渡しという方式で文化財を返還してもらうことであった。日本側はこれさえも反対したが、結局、韓国側の主張を受け入れ、引渡しと捉える立場に変えた。そこで、本稿第四章では韓国側が寄贈を主張する日本側の立場を引渡しに説得することに焦点を当てて、この問題を検討する。

二　文化財返還関係会議の開催についての問題

1　日韓会議中断期の議論

第一次会談から第三次会談[15]まで、文化財問題は請求権とともに請求権委員会で議論された。

第一次会談において韓国側は八項目で構成された「韓日間財産及び請求権協定要綱韓国側提案」を提示し、その中の第一項目が「韓国より運び来りたる古書籍、美術品、骨董品、その他の国宝、地図原版及び地金と地銀を返還すること」と、文化財問題に関する提案がみられた。

久保田発言によって第三次会談が決裂して以降、約四年間日韓会談が中断されたが、この時期に日韓両国は会談の再開に向けての非公式の交渉を行った。この間、とくに一九五七年二月から文化財問題について本格的な議論が行われた。韓国側は再開後の会談を円満に進める方法として、日本側の文化財の返還を要求し、日本側は韓国の独立を祝う意味として若干の古美術品を寄贈する用意があるという内容を岸信介外相が口頭で言及することを考慮することができると答えた。韓国側はこれに対して、「寄贈」という表現ではなく「引渡す」にすること、また、「若干」という表現をさらに具体的な表現に修正することなどを主張した。[16] 以降、韓国側も口頭伝達事項案を提案し、日本側は文部省の反対があるが、韓国側の要求をある程度受け入れつつ、二月末と三月末に口頭伝達事項案を提出した。三月中旬に提出されたものに対して、韓国側は「would like to hand over」は「will turn over」に、「which it finds practicable to deliver to Korea」は「of which the immediate transfer is possible」、「those objects of ancient art of the Korean origin」は「those Korean art objects」に、そして「in the possession」の前に「now」の挿入などを要求し、日本側もそれに応じた。一方、韓国側は「at an early possible date」に関して「as soon as possible」もしくは「as soon as practicable」に修正することも要求したが、日本側はこれに強く反対した[17]。韓国側は以上のような表現の修正を通じて、文化財を引き渡そうという日本側の意志とその時期をより明確にさせようとした一方で、文化財の原産地が韓国であったことを強調しようとした。反面、日本側は文部省の反対と文化財の引渡しによる国内世論の批判を考慮して、引渡しの時期に関する修正には応じなかった[18]。

その後、六月一三日の会議で、韓国側は三月中旬に議論された案の修正を要求し、韓国側の要求が殆ど受け入れられ、口頭伝達事項は「Aside from the agenda of the overall talks between Japan and the Republic of Korea, the Government of Japan will turn over to Korea, at an early possible date, those Korean art objects now in its possession of which the immediate transfer is possible」で合意された。

日本側は六月中旬までに文化財問題を始めとした交渉を終えようとしたが、韓国側は六月二五日の会議において、合意文書の修正を求めた。韓国側は口頭伝達事項に関して「The Government of Japan will turn over to Korea, at an early possible date, those Korean art objects now in its possession of which the immediate transfer is possible, and for the later transfer of the said objects discussion and settlement will be made at the formal talks」という修正案を提示した[19]。「and for the later」以下の表現から分かるように、韓国側は引き渡され

る文化財以外のものも再開後の会談で議論しようとした。即ち、文化財を引き渡してもらった後にも残りの文化財に関して議論し続けようとした韓国側の意図が表れた表現であった。この会議で口頭伝達事項に関する議論は行われなかったが、日本側はこれを始めとする韓国側の修正要求に応じず、議論は約一ヶ月間中断された。

七月末から韓国側の修正要求に関する議論が行われたが、七月三一日の会議で日本側は「美術品問題はagendaにはない。今までの会談の経緯から言えば、この点は大きな変更である。貴方の修正ではこの問題が正式会談の議題になることである」と述べつつ、韓国側の修正案に応じなかった。[20] 八月二〇日に開かれた一回目の会議で、韓国側は後に引き渡される文化財を全面会談で議論することを改めて主張したが、日本側はこの修正案が今までの議論で決定された趣旨とは違うため、応じられないと反論しつつ、午後の二回目の会議で新たな修正案を提示した。しかし、それは六月一三日に合意されたものとほぼ同内容であったため、韓国側はそれを受け入れなかった。日本側は、文化財問題は全面会談の議題とは別途に扱わなければならず、韓国側が修正を要求し続ける場合には口頭伝達事項も撤回すると反論し、結局この問題は合意に至らなかった。[21] このように「and for the later」以下の表現をめぐって、韓国側は再開後の会談において文化財問題を議論し続けようとしたが、日本側はそれを阻止しようとした。このような衝突によって、口頭伝達事項はなかなか合意されなかった。一一月末に入り、日韓両国はお互いの立場を少しずつ譲歩しつつ、議論した問題を合意に取り入れようとし、それをもとに一二月二九日の会議において、韓国側は請求権問題に関する日本側の要求を受け入れて、日本側も文化財問題と強制退去問題など、請求権問題以外の問題に関して韓国側の要求を受け入れた[22]。これによって、口頭伝達事項は六月二五日に韓国側が要求した修正案で合意された。

このように韓国側は口頭伝達事項の議論において日本側の反対があったが、自国の要求を貫徹させることで再開後の会談で文化財問題を議論することのできる根拠を設けることができた。以上のような口頭伝達事項の議論は文化財小委員会、専門家会議の開催などに繋がり、これを通じて、文化財問題がより具体的に議論できる場が整えられたということができる。

2　文化財小委員会開催に関する議論

日韓両国は第四次会談（一九五八年四月一五日～一九六〇年四月一九日）の開催直後、会談の円滑な進行のために日韓連絡委員会を開催し、委員会の構成と名称などに関する議論を進めた。日韓両国は基本関係問題、在日韓国人の法的地位問題、漁業問題に対してその名称は異なるが委員会を開催することには同じ意見であった半面、文化財問題、請求権問題、船舶問題の委員会の構成には違いがあった。韓国側は「韓国の対日請求権に関する分科委員会」に「船舶返還問題小委員会」、「韓国文化財返還問題小委員会」、「その他の請求権に関する小委員会」の設置を提案したが、その名称からも分かるように韓国側は再開後の会談において文化財問題を議論し続けようとしたのであった。一方、日本側は第六回本会議(五月六日)において「韓国請求権委員会」に文化財問題関係の小委員会がなく「請求権小委員会」、「船舶小委員会」の設置のみを提案した。日本側はこれが一九五七年一二月三一日の合意事項に影響を及ぼすものではないと説明し、韓国側はこれに同意しつつ、同合意事項をもとに委員会が円滑に行われることを希望すると述べた[23]。

では、韓国側は文化財問題を議論する小委員会がなかったにもかかわらず、日本側の提案を受け入れたのかなぜか。その理由は省庁間の書信から確認することができる。外交部は四月二一日に「四月一五日に再開された日韓会談第四次会談においても、引き続きこの問題が議題として採択・議論されるはず」だと文教部に報告し[24]、駐日代表部も五月七日に残りの古美術品は請求権小委員会で議論される予定だと韓国政府に報告した[25]。また、五月二一日の交渉方針は「『その他の請求権』は『韓国美術品の返還』が満足いくほどに処理された後に議論されるべきである。なぜなら後者は予備会談の際に既に合意されたためである」とされている[26]。このように韓国側は文化財問題を議論する小委員会が設置されなくても口頭伝達事項を通じて請求権小委員会でこの問題が先に議論されると予想したため、日本側の提案に同意したのであった。

しかし、韓国側の予想とは異なり、五月に開かれた三回にわたる請求権委員会では文化財問題に対する実質的な議論は行われなかった。日韓両国は第二回請求権委員会（五月二七日）において、この問題をどのように議論するかをめぐって対立した。日本側はこの問題を請求権小委員会と船舶小委員会で議論しなければならないと主張した。[27]反面、韓国側はこの問題は重要であり、これに関する小委員会を設置しなかったが、請求権委員会が請求権問題と関係のある全ての問題を議論するために、請求権小委員会と船舶小委員会に分けられたのであり、文化財問題を請求権委員会で議論することは当然であると反論した。このような対立は合意に至らず、会議の終了後、日韓両国はこの問題のみを議論する会議を開いたが、それもまた合意に至らなかった。[28]このように韓国側の予想と異なり、日本側は文化財問題の議論に積極的な態度を示さなかった。

こうした状況になると韓国側は五月二八日、日本側を説得するために澤田廉三首席代表と板垣修アジア局長のもとを訪れた。柳泰夏駐日公使は板垣に、なぜ日本側が新しい主張を出すのか理解し難いと述べつつ、その撤回を求めた。林炳稷首席代表と李澔代表は澤田に、日本側の主張の撤回を求め、澤田は韓国側の立場を理解すると述べつつ、文化財問題を請求権委員会で議論することに同意すると答えた。[29]第三回請求権委員会（五月二九日）が開かれると日本側は請求権小委員会で文化財問題が議論されると述べた。韓国側は正式な会議ではなく、直接に会談関係者のもとを訪れてまで日本側を説得したが、このような説得方法は有効であったといえよう。以降、第四次会談において文化財問題は文化財小委員会を通じて別途議論され、議論は一二回行われた。

これは、文化財問題が第一次会談から第三次会談まで請求権委員会で請求権問題と同時に議論されたことと大きな違いである。第四次会談において文化財問題が形式的には請求権小委員会で議論されたが、実質的かつ内容的には文化財問題のみを議論する文化財小委員会が行われたのであり、これを通じて文化財問題が以前より具体的に議論されることができた。このような議論の場は第五次会談から形式的にも文化財小委員会になり、第七次会談までこの枠組みの中で文化財問題が具体的に議論されることができた。

3 専門家会議開催に関する議論

文化財問題を議論するもう一つの会議として専門家会議を挙げることができる。この会議は文化財専門家らが文化財の搬出経緯と所在の把握などの事実関係などを議論する会議で、第五次会談（一九六〇年一〇月二五日〜一九六一年五月一六日）で初めて開催され、これを通じて文化財リストが具体的に議論された。

第五次会談において専門家会議開催の議論が行われた。韓国側は第一回文化財小委員会（一九六〇年一一月一一日）の口頭伝達事項で既に文化財問題の原則的な合意がなされたため、原則の問題よりは実質的な議論に入るのがよいと述べつつ、「文化財返還の七項目」（以下、「七項目」）を提出した。韓国側は、一九六一年一月二六日に開かれた非公式会談で「韓国側には専門家が来ている。それにもかかわらず、日本側から文部省、文化財保護委員会の代表が委員として来ていないのは遺憾である。この問題も具体的に議論する段階になったので、日本側からも専門家を出してもらいたい」と要求した。日本側は今まで専門家らが会談に参加することを拒否していたが、漸進的に彼らを会議に参加させるように努力すると答えた[30]。美術工芸専門家の黄寿永が参加した第二回文化財小委員会（一九六一年二年一日）で、韓国側は専門家の議論を通じて実態を把握することを改めて提案し、日本側は専門家らの議論は文化財小委員会とは関係なく小委員会を円滑にすると述べつつ、専門家会議の開催に同意する一方、外務省は文部省に専門家会議への参加を要請した。韓国側は文化財問題の原則、即ち、文化財を返してもらうとの原則は既に口頭伝達事項に合意されたため、どのような文化財が対象になるのかを議論したかったのであった。また、韓国側の専門家が既に文化財小委員会に参加していたが、これは専門家らの議論に関する韓国側の意志を示した行動であり、日本側に専門家の参加を迫る圧力としても作用したものといえよう。

その後、三月七日に第一回専門家会議が開催され、七項目の中、古墳の出土品、宮殿及び寺などの遺跡で搬出された石造物を中心に議論が行われた。専門家会議を通じて、韓国側は文化財の搬出経緯などに関する日本側の専門家の見解を直接に聞くことになり、彼らに韓国側の意見をより直接に伝えることができるようになった。[31] 一方、黄寿永は会議の最後に「文化財問題は専門家による率直で実質的な議論が行われる必要であるのは日本側も異議がないと思うが、以前まで日本側はこれに応じなかった。これからは週一回以上の会合を設けて、双方の意見を十分に話し合うことを求める」[32]と述べて、日本側も同意した。このように専門家会議は韓国側の説得によって開催された。

一方、黄寿永の発言とともに、第二回文化財小委員会において専門家会議の開催が合意されて以降、約一ヶ月後に専門家会議が開かれたことをみると、日本側が専門家会議に積極的な態度ではなかったことが推測されよう。三月二〇日に開かれた非公式会議においても、第一回専門家会議以降「日本側は事務が忙しくて三月末までは会えないと言ったので、それ以上会合ができなかった。そうしてはいけないので、日本側に漠然とした多数の専門家ではなく、一人を指定してもらいたい」と不満を表した。[33] 韓国側の不満は、韓国政府への黄寿永の専門家の増員要請からも分かる。彼は三月二〇日の非公式会議において日本側が二人の専門家を指定すると言ったことに対して「文化財小委員会は二回以降、開催されず、専門家の集まりも日本側の理由で今月末まで期待していなかった」と説明しつつ、考古学と古書籍の専門家の増員を要請した。[34] 韓国側のこのような不満があったにもかかわらず、専門家会議はなかなか開催されず、四月一五日の会議において韓国側は改めて「文部省側は全く審議に応じておらず、三月中旬に約束したように早く一人か二人の専門家を指定して、我々の専門家と合わせてもらいたい」と不満を表した。以降、五月八日に第二回専門家会議が開催され、古書籍専門家の李弘稙が新たに参加した。韓国側は黄寿永と李弘稙という当時の韓国最高の文化財専門家が参加することで強力な陣営を組んで専門家会議に臨むことができた。[35] 一方、第三回専門家会議は五月一六日に開催されることになったが、韓国の五・一六クーデターによって日韓会談自体が中断されることにより、開催できなかった。

第六次会談（一九六一年一〇月二〇日〜一九六四年四月五日）において専門家会議は六回行われた。韓国側は第一回文化財小委員会（一九六一年一〇月三一日）において専門家らもできる限り文化財小委員会に参加させることを提案した。日本側は第二回文化財小委員会（一一月七日）において、専門家らはこれに応じないだろうし、小委員会とは別の専門家らの会議であれば出席すると述べる一方、専門家会議の公的効力に対する韓国側の質問に関しては、専門家の議論を参考にして合意された点を文化財小委員会で議論しようと答えた。[36] 以降、外務省は文部省に韓国側が専門家会議の開催を強く求めているため、これに参加することを要求し、文部省も文化財返還の如何を議論しないことを前提に参加すると答えた[37]。こうして、一一月一七日に第一回専門家会議が開催されることになり、六回にわたって「七項目」に関する議論が行われた。日本側の専門家は専門家会議への参加に消極的であったが、韓国側は彼らの参加を強く要求し、結局彼らも専門家会議に参加することになった。このような専門家会議の議論を通じて、文化財リストが具体的に議論されることができた。

第五回文化財小委員会（一二月一二日）において黄寿永が専門家会議に対して「小委員会で出た話を中心にもっと具体的に事実確認を行い、調査の依頼もしたが、我々が満足するような会談や調査ではなかったことは遺憾であるが、とにかく事実確認を行い続けた。例えば、寺内文庫で一部の書画の確認、小倉博物館が文化財保護委員会の監督下にあること、そして、その所蔵品を我々も一度見るように斡旋すること、また、元の位置に戻すものは戻すとの良い意見もみられた。今後さらにこのような専門家会議で事実確認されることを期待する」[38]と評価したように、韓国側が満足するようなものではなかったが、専門家会議を通じて事実確認など、文化財リストに関する具体的な議論を続けることができた。このように韓国側は専門家らを文化財小委員会に参加させる一方、専門家会議の開催を要求し続けて、日本側の専門家もこれに応じざるを得なかった。こうして専門家会議が開催され、文化財リストに関する議論が行われ、このような議論が文化財引渡品目の作成に繋がった。

三　文化財リスト提出についての問題

韓国側は第一次会談第一回請求権小委員会（一九五二年二月二〇日）において「請求権八項目」を提示しつつ、第一項目に関して奪取、または韓国の意思に反して搬出された文化財を自発的に返還することを要求し、第三回請求権委員会（二月二七日）では「韓日間請求権協定要綱韓国側提案の細目の第一項目」を提出した。以降、韓国側は第二次会談において「韓国国宝古書籍目録日本各文庫所蔵」及び「日本所在韓国国宝美術工芸品目録」を、第三次会談では「韓国国宝古書籍目録（第二次分）」を提出した。韓国側は日本側の要求どおり、詳細リストを提出したが、日本側は文化財調査に時間がかかるとの理由で消極的な態度を見せた。この時期に韓国側は「返還と寄贈についての問題」をまず解決しようとする立場であり、請求権問題を中心に請求権委員会が開催されたため、文化財リストに関する具体的な議論はほとんど行われなかった。

文化財リストの議論が実質的に行われ始めたのは、第四次会談からであった。前述したように韓国側の説得によって文化財小委員会が開催された。しかし、日本側は四回目の会議まで国内政治状況と政府の訓令がなかったことなどを理由に議論に消極的であった。韓国側は強く不満を表したが、日本側の態度に変わりはなかった。このような状況の中で、韓国政府は駐日代表部に日本側が「韓国に渡すことのできる品目リストを要求する。日本側がリストの提出を躊躇する場合、代表団は日本の答弁のために、代表団が決定した最小一、〇〇〇点が含まれたリストを提出するとともに、今後リストを追加するという条件を付ける」との訓令を下した[39]。駐日代表部はこの指示によって、五回目の会議（一九五八年一〇月二五日）において「第一次返還請求韓国文化財項目」を提出し、各項目を説明した。韓国側がこれを提出した理由はこれまでの抽象的な議論が文化財返還交渉に役に立たなかったためであった[40]。即ち、文化財リストをもとに韓国側が求める文化財を具体的に議論しつつ、これに対する「日本側の答弁」を聞くためであった。以降、韓国側は各項目を説明したが、日本側は政府の方針が定められなければ具体的な議論に入れないと述べつつ、依然として消極的な態度を見せた。ところが、内部的には文化財リストに関する調査が行われており、これを調査していると韓国側に報告した。このように日本側は文化財問題の議論に消極的な態度を見せたが、韓国側の要求に対して調査を実施せざるを得なかった。

第五次会談では韓国側が提示した「七項目」を中心に専門家会議の議論が行われた。二回にわたって行われた専門会会議では古代古墳の出土品と宮殿、寺などの遺跡から搬出された石造物、そして、美術品、考古学資料、古書籍などに対して朝鮮から出土、または搬出された経緯及びその所在に関する議論が行われる一方、韓国側は慶尚南道昌寧古墳出土品、寺内総督収集の仏像などに関する調査を要求した[41]。第四次会談から第五次会談まで、韓国側は満足できなかったが、文化財リストの議論が徐々に進められ始め、日本でもそれに関する調査が行われていた。このような議論の進展には韓国側の文化財リストの提出が有効であったといえよう。

第六次会談では文化財小委員会、専門家会議、文化財関係会議を通じて、文化財リストに対する議論が具体的に行われた。文化財小委員会では「七項目」に関する議論が、専門家会議では特定の文化財の所在把握などに関する議論が行われた。韓国側は第四回文化財小委員会(一九六一年一二月五日)まで「七項目」に関する具体的な説明を通じて、文化財返還を要求する一方、日本側の文化財リストの提出も要求した。六回にわたって行われた専門家会議では様々な文化財に関する議論が行われたが、石窟庵の石塔と仏像及び多寶塔の石造獅子、小倉コレクション、逓信文化財、寺内文庫などに関する日本側の調査結果が報告されるなど各種の文化財に関する事実関係が確認された。

一方、文化財関係委員会では第七回文化財小委員会(一九六二年二月二八日)で韓国側が提出した「返還請求韓国文化財目録」[42]を中心に、日本側がこのリストの内容と搬出根拠などを質疑し、韓国側がこれに答弁する形で議論が行われた。第三回文化財関係委員会(一九六三年二月二二日）において、韓国側は官憲の力や権力による不法な搬出であるとの政治的な側面を主張しているが、これから離れて学術的・文化的側面から議論したく、この会議を中断して専門家の非公式会議を開こうと主張した。これに対して、韓国側は具体的な確認作業と現物との対照作業などのために、この会議を行い続けなければならないと述べつつ、具体的なリストを提出する準備ができていると述べた[43]。以降、韓国側が「日本国有に属するもの」と「統監および総督等により搬出されたもの」の中、伊藤博文の高麗磁器リストを提出し、日本側はこれを調査して韓国側にその結果を報告した[44]。また、韓国側は日本側に宮内庁蔵書リストの提出を要求し、日本側がこれに応じ、その議論が行われた。日本側も韓国側に対する質疑応答及び反論を繰り広げつつ、議論に臨み、内部的にも外務省と文部省が文化財引渡品目に関して議論した。このように第六次会談では文化財リストに関する議論が最も具体的に行われた。

第七次会談（一九六四年一二月三日〜一九六五年六月二二日）が開催され、日韓両国は一九六五年二月二二日の基本条約の仮調印及び四月三日の合意を通じて、会談の妥結に拍車をかけた。第一回文化財委員会（四月二四日）において韓国側は新しい文化財リストを提示せず、今まで議論された韓国側の文化財リストに関する日本側のリストを受け取った上で、これを元に議論に臨もうとした。しかし、日本側はこれから提示する文化財リストは最終案であり、韓国側の文化財リストの提出要求に対しては「韓国側が日本案のリストの提出を第一条件としている限り、この専門家会合は今後当分開くわけにいかない」と応酬した[45]。これに対して、韓国側は日本側がリストを提出せず、これを協議したことがなかったため、最終案とは言えず、日本側のリストを要求せよとの駐日大使の指示があったと不満を表しつつ、文化財リストの提出を強く求めた[46]。

日本側が最終案を提出したのは、会談の妥結が目前に迫った第三回文化財委員会（六月一一日）であった。しかし、韓国側は梁山夫婦塚など、今まで要求した文化財が入っておらず、議論していない一方的なリストであったため、これを受け入れられなかった。日本側は最終案という立場を曲げなかったが、韓国側は六月一八日に行われた最後の会議において文化財を追加することを要求し、慶州路西里古墳群と皇吾里古墳の出土品全部、伊藤博文の高麗磁器九七点、慶尚南道・慶尚北道所在の古墳及びその他の遺跡から出土されたもの一部、高麗時代の古墳及びその他の遺跡から出土されたものの一部を追加で要求することにした。

韓国側が「返還と寄贈についての問題」に集中して文化財問題を議論しようとしたり、文化財リストを提出したりしなかったら、文化財返還交渉の進展はなかっただろう。しかし、以上で検討したように韓国側は文化財リストを提出して日本側を議論に引き入れた。文化財返還交渉で日本側が始終一貫して消極的な態度を見せたため、韓国側としては日本側を議論に引き入れなければならなかった。このために韓国側は文化財リストを随時提出しつつ、これを説明する一方で、日本側の調査とともに文化財リストの提出も要求した。第四次、第五次会談で日本側の文化財リストに関する態度は韓国側の予想より積極的ではなかったが、これに関する実質的な議論が始まり、日本でも韓国側の文化財リストに関する調査が実施され、第六次会談ではより具体的な議論が行われ、これをもとに文化財引渡品目が作成されたのである。

四　返還と寄贈についての問題

この問題に関して、韓国側は法的義務として文化財を返還してもらうことで、過去の歴史を清算しようとした反面、日本側は、法的義務はないが、若干の国有文化財を自発的に寄贈しようとした。韓国側は第一次会談から返還を主張したが、日本側の寄贈という立場は確固として変わらなかった。日本側は日韓会談開催の以前から「朝鮮に於いては、その施政の当初から、掠奪は厳にいましめ、むしろ従来閑却されていた文化財尊重の精神を昂揚しその保護施設を充実し研究資料を整備している。これは朝鮮統治の本国本位になき点を確持したこと、初代総督の賢明なる対策によった為であった」[47]、そして、文化財保存に関して「日本の半島統治の輝かしい記念碑として、廣く識者を通じて世界の人々に理解せしめ、同時に半島の人々にこの点だけは永久に記憶することを願って置きたい」[48]という認識を持っていた。このような認識は日韓会談開催の以降にも日本側にあり続けて、植民地支配は合法的であったという立場とともに文化財返還の法的義務はないという立場を維持する根拠となった。

日韓両国は第一次会談から第三次会談まで「返還と寄贈についての問題」で対立し、この問題の解決方式として引渡しが初めて提示されたのは会談中断期であった。一九五七年二月に開かれた会議において韓国側は寄贈ではなく、返還を要求し、日本側がこれを拒否すると引渡しを提案した。日本側は韓国側の意見を受け入れ、「渡す」という表現が挿入された口頭伝達事項を提案した。しかし、日本側は文部省の強い反対が予想されるため、寄贈や贈与を使う必要があると改めて主張し、韓国側は寄贈や贈与は困難で「引き渡す」または「渡す」がいいと反論した[49]。三月に入ると日本側は文部省の反対を改めて言及しつつ、寄贈という表現が入った口頭伝達事項が最大限の表現であると述べ、これに対し、韓国側は岸総理との会議で文化財を引き渡すとの趣旨を岸総理が言及することを提案し、岸総理もこの問題が解決されるように努力すると答えたと述べた[50]。日本側は三月中旬に hand over が使われた口頭伝達事項を提示し、以降は寄贈や贈与という表現は使われなかった。このように韓国側の継続的な要求で日本側は引渡しを受け入れ、口頭伝達事項にその表現が挿入されることになったのである。

口頭伝達事項を通じ、一〇六点の文化財が韓国に引き渡されて以降、第四次会談から第五次会談まで日韓両国は再び「返還と寄贈についての問題」で対立したが、韓国側は第六次会談で改めて引渡しを提案した。この時期、韓国政府は日韓会談を妥結するために主要懸案に関する方針を定めていたが、文化財問題の方針には、返還にならない場合には引渡しを提案することになっており、これに従って日本側に引渡しを提案したのであった。まず、韓国側は文化財小委員会の代表の非公式会議（一九六二年二月一日）において、同問題は大きな問題にならないと述べつつ、返還に固執しないとの態度を見せる一方、大平・金会談（一一月一二日）では口頭伝達事項の先例に従い、即ち、引渡しを名目に文化財を返還してこの問題を解決することを公式的に提案した。[51][52]日本側はこれを受け入れず、依然として寄贈を主張したが、韓国側も予備会談第二〇回本会議（一二月二一日）及び第二三回本会議（一九六三年一月二三日）において引渡しを提案し続けた。韓国側は第六次会談の時期、返還と寄贈という立場は日韓両国がお互いに受け入れられないため、これを解決する方法が必要になり、その方法として引渡しという名目で文化財を返還してもらうことを方針として決めたと思われる。これに従って、第六次会談において引渡しという表現を主張し続けたのであった。

「返還と寄贈についての問題」は第七次会談で最終的に引渡しとして合意されたが、これに関する議論は請求権問題の解決方法とともに行われた。まず、日本は三月二七日に贈与という表現を使ったが、三月二五日の会議では引渡しという表現を使った。三月二七日には文化財問題が請求権問題の第六項で設定され、三月三一日には引渡しという表現が最終的に合意された。寄贈を主張した日本側が結局、韓国側の主張を受け入れたのであった。日本側の立場の変化に関する理由を明らかにする資料は見つかっていないが、日韓会談が最後に向かっている状況下で、文化財問題を妥結するためには引渡しという表現を受け入れるしかなかったと推測できる。四月三日には「日韓間の請求権問題解決及び経済協力に関する合意事項」の第六項として「日韓間の文化財問題の解決および文化協力の増進に関連し、品目その他につき協議の上日本国より韓国に対し韓国文化財を引き渡す」が合意される一方、六月二二日に締結された文化財協定の第二条に「日本国政府は、付属書に掲げる文化財を両国政府間で合意する手続に従ってこの協定の効力発生後六ヶ月以内に大韓民国政府に対して引き渡すものとする」という条項が挿入された。

引渡しという表現は文化財搬出の不法性を曖昧にしたとの批判を受けつつ、文化財返還交渉が失敗した最も大きな理由として指摘されている。日韓会談当時、日本側は寄贈という立場を維持し、さらには植民地支配が合法的であったとの立場、そして、当時の文化財搬出も合法的であったという立場からみると、返還という表現は最初から実現可能性がなかった。韓国側も当然、寄贈という立場を受け入れることができなかったため、このような状況において韓国側にできる現実的な方法は引渡しという名目で文化財を返還してもらうことであった。即ち、韓国側は返還という立場を貫くことはできなかったが、寄贈という日本側の立場を受け入れず、文化財問題を解決する必要があったのであった。したがって、韓国側は会談中断期と第六次会談以降、引渡しという表現を主張し続けたのであり、日本側は寄贈という立場を貫こうとしたが、日本側も結局これを受け入れ、最終的に第七次会談で引渡しという表現が合意されたのである。

おわりに

日韓会談の文化財返還交渉は、返還ではなく、引渡しになったこと、引き渡された文化財が質的・量的に満足できなかったことで多くの批判を受けた。特に、失敗した交渉という結果によって、否定的な側面が浮き彫りされてきた。本稿はこれに対し、文化財返還交渉に関する批判を受け入れなければならないが、否定的な視点のみでこの交渉を正しく理解することができるのかという問題意識を提示した上で、交渉過程において「文化財返還関係会議の開催についての問題」、「文化財リスト提出についての問題」、「返還と寄贈についての問題」に対し、韓国側が日本側をどのように説得したのか、それをどのような意味があるのかを検討しつつ、文化財返還交渉を再検討してみた。

第一次会談から第三次会談まで、文化財問題は請求権問題とともに請求権小委員会で議論されたため、具体的な議論が行われなかった。韓国側は文化財問題を具体的に議論するために、この問題のみを議論できる会議を開催しようとした。会談中断期に韓国側は再開後の会談において文化財問題を議論するとの趣旨の表現を口頭伝達事項に挿入させる一方、第四次会談及び第五次会談などで日本側を説得させ、文化財小委員会と専門家会議を開催した。これは文化財問題のみを議論できる土台が備えられたという意義がある。このように「文化財返還関係会議の開催についての問題」において、韓国側は文化財小委員会、専門家会議のように文化財問題のみを議論する会議を開催するために日本側を説得させた。このような会議を通じ、「返還と寄贈についての問題」、そして、文化財リストが具体的に議論されたことは本論で検討した。韓国側のこのような努力がなければ、文化財問題は請求権問題の議論に隠され、具体的に議論されなかっただろう。

韓国側は消極的な態度を見せる日本側を議論に引き入れるために、文化財リストを随時に提出した。第四次会談以降「第一次返還請求韓国文化財項目」、「文化財返還七項目」、「返還請求韓国文化財目録」などを提出し、これをもとに実質的な議論を進めた。韓国側が文化財リストを提出し、説明と質疑を行いつつ、日本側に答弁と調査などを要求したため、日本側もこれに応じざるを得なかった。日本側では文部省の専門家が専門家会議に臨み、内部的には文化財引渡品目に関する議論を行なった。「文化財リスト提出についての問題」において韓国側は文化財リストの提出を通じて、日本側を議論に引き入れ、このリストの議論が蓄積され、文化財引渡品目が作成されたのであった。

日本側の文化財問題に関する立場は、基本的に寄贈と贈与であった。韓国側は会談中断期の際、寄贈を主張する日本側を説得して、引渡しで合意を引き出した。その後、寄贈を主張し続ける日本側に対して、第六次会談から引渡しにすることを主張し続け、第七次会談では結局、引渡しで合意された。「返還と寄贈についての問題」において、韓国側は返還という表現を主張し続けなかったが、寄贈という日本側の立場を相殺させる必要があった。その方法は引渡しという名目で文化財を返還してもらうことであった。日本側も結局、これを受け入れて文化財協定において引渡しという表現が使われた。韓国側は返還の方法を返還から引渡しに変更したが、これは韓国側の一方的な譲歩ではなかった。日本側の寄贈という確固たる立場を引きおろして、引渡しに合意したのであった。

日韓会談の文化財返還交渉において韓国側ができるだけ多くの文化財を返還してもらうこと

は極めて難しいことであった。合法的な植民地支配、合法的な文化財搬出、自発的寄贈という立場に固執した日本側に対して、韓国側は日本側を説得して、自身らの意見にできるだけ近づけさせなければならなかった。このために、韓国側は消極的、または反対の態度を見せる日本側を説得しつつ、文化財小委員会と専門家会議を開催し、これは文化財問題が具体的に議論される土台となった。また、文化財問題の議論に消極的な態度を見せた日本側に文化財リストを随時に提示しつつ、実質的で具体的な議論に日本側を引き入れ、これに関する議論は文化財引渡品目が作成される契機となった。そして、寄贈という立場を貫こうとした日本側を説得して、返還の名目を引渡しとして合意した。

文化財返還交渉の過程において韓国側の積極的な努力がなかったら、日本側の立場がさらに反映された結果が出た可能性が高い。日韓会談の文化財返還交渉は最善の結果を得ることはできなかったが、韓国側の一方的な譲歩ではなく、不利な状況でも韓国側の主張を貫徹させて現実的な結果を得た交渉であったと言うことができよう。

【注】

（1）本章は「한일회담 문화재 반환 협상의 재조명」（韓日会談文化財返還協商の再照明）、『아태연구〔亜太研究〕』第二六巻二号、二〇一九年、동북아역사재단 한일역사문제연구소 편（東北亜歴史財団韓日歴史問題研究所編）『한일협정과 한일관계 1965년 체제는 극복 가능한가?（韓日協定と韓日関係　一九六五年体制は克服可能か？）』東北亜歴史財団、二〇一九年で公表したものを本書の形式に合わせて編集したものである。

（2）日韓会談を批判的な視点から分析した研究及びその他の批判的な意見は、유의상（劉義相）『대일외교의 명분과 실리 – 대일청구권 교섭과정의 복원（対日外交の名分と実利―対日請求権交渉過程の復元）』、역사공간、二〇一六年、一二～一五頁を参考。

（3）趙胤修、「日韓漁業交渉の国際政治―海洋秩序の脱植民地化と『国益』の調整―」、東北大学法学研究科博士学位論文、二〇〇七年。

（4）유의상（劉義相）、前掲書。

（5）유의상（劉義相）、前掲書、一七頁。

（6）제성호（チェ・ソンホ）「한・일 간 문화재 반환문제에 관한 국제법적 고찰（韓日文化財返還問題に関する国際法的考察）」『중앙법학』（中央法学）第一一集第二号、二〇〇九年。

（7）국성하（クック・ソンハ）「한일회담 문화재 반환협상 연구（韓日会談の文化財返還交渉の研究）」、『한국독립운동사연구』（韓国独立運動史研究）第二五集、二〇〇五年。

(8) 조부근〔チョウ・ブグン〕『잃어버린 우리문화재를 찾아：문화재 보존과 관리의 실제／불법서래와 국제협약／문화재 외교』〔失われた我々の文化財を探して：文化財保存と管理の実際／不法取引と国際協約／文化財外交〕、민속원、二〇〇四年。

(9) 김원룡〔金元龍〕「문화재반환문제〔文化財返還問題〕」『사상계』〔思想界〕第一四九号、一九六五年、八一頁及び부완혁〔夫琓爀〕「한일협정은 추진・동의될 수 없다〔韓日協定は推進・同意され得ない〕」『사상계』〔思想界〕第一五〇号、一九六五年、七二～七三頁。

(10) 유의상〔劉義相〕、前掲書、四七五～四九一頁。

(11) 日本側は請求権問題に対しても、植民地支配に対する補償を受けようとする韓国側の請求権主張を受け入れず、これは請求権問題の限界として作用した。植民地支配が合法であったという確固たる立場がその理由とされている。日本側は、請求権問題の議論の当時、韓国側に提供する資金に関しても請求権とは関係のない経済協力資金として考え「財産及び請求権に関する問題の解決並びに経済協力に関する日本国と大韓民国との間の協定」を通じて提供された五億ドルも経済協力資金として提供したものであるとの立場をとった。

(12) 조윤수〔趙胤修〕、「한일회담과 문화재 반환 교섭 – 일본 정부의 반환 문화재 목록 작성과정을 중심으로〔韓日会談と文化財返還交渉—日本政府の返還文化財目録の作成過程を中心に〕」『동북아역사논총』〔東北亜歴史論叢〕第五一号、二〇一六年。

(13) 김지현〔キム・ジヒョン〕「전후 한일 문화재반환 교섭에 관한 재평가〔戦後韓日文化財返還交渉に関する再評価〕」국민대학교 석사학위논문〔国民大学修士学位論文〕二〇一二年。

(14) 국성하〔クック・ソンハ〕、前掲書：박훈〔朴薫〕「한일회담 문화재 '반환' 교섭의 전개과정과 쟁점〔韓日会談文化財『返還』交渉の展開過程と争点〕」、국민대학교 일본학연구소（편）〔国民大学日本学研究所編〕『의제로 본 한일회담 - 외교문서 공개와 한일회담의 재조명 2〔議題としてみた韓日会談―外交文書公開と韓日会談の再照明2〕』、선인、二〇一〇年：조윤수〔趙胤修〕、前掲書。

(15) 第一次日韓会談は一九五一年一〇月二〇日から一九五二年四月一五日まで、第二次会談は一九五三年四月一五日から七月二三日まで、第三次会談は一九五三年一〇月六日から一〇月二一日まで開催された。

(16) 日本外交文書「金公使と会談の件」一九五七年二月二一日、文書番号：六八〇及び日本外交文書「日韓会談問題別経緯―文化財問題」一九六二年一〇月一日、文書番号：五三五。

(17) 日本外交文書「六月十三日、大野次官、金韓国大使会談要領（その二）」一九五七年六月一三日、文書番号：六八六。

(18) 엄태봉〔厳泰奉〕「한일회담 중단기의 문화재 문제에 관한 연구〔韓日会談中断期の文化財問題に関する研究〕」『일본공간』〔日本空間〕第二一号、二〇一七年、一七四～一七五頁。

(19) 한국외교문서〔韓国外交文書〕『제4차 한일회담 예비교섭〔第4次韓日会談予備交渉〕、1956―58（V．2 1957）』、一七七八頁。

(20) 日本外交文書「板垣アジア局長、三宅参事官と柳公使、崔参事官会議要領」一九五七年七月三一日、文書番号：一〇八。

（21）第1項目：指定文化財（「重要美術品」を包含する。）、第2項目：所謂朝鮮総督府（「朝鮮古蹟研究会」）によって搬出されたもの、第3項目：所謂統監総督等によって搬出されたもの、第4項目：慶尚南北道所在墳墓、その他遺蹟から出土されたもの、第5項目：高麗時代墳墓その他遺蹟から出土されたもの、第6項目：書画、典籍（古書籍のことである。）及び地図原版、第7項目：個人所有の文化財。

（22）한국외교문서〔韓国外交文書〕『제4차 한일회담 예비교섭、〔第4次韓日会談予備交渉〕、1956-58（V．2 1957）』、一七三〇頁。

（23）日本外交文書「第四次日韓全面会談の本会談第六回会合」一九五八年五月六日、文書番号：六。

（24）한국외교문서〔韓国外交文書〕『제4차 한일회담〔第4次韓日会談〕（1958．4．15-60．4．19）문화재소위원회 회의록 및 문화재 반환교섭〔文化財小委員会及び文化財返還交渉〕』（以下、第4次韓日会談文化財返還交渉）、一六三一頁。

（25）한국외교문서〔韓国外交文書〕『제4차 한・일회담 본회의 회의록 제1-15차〔第4次韓・日会談、本会議会議録、第1-15次〕、1958．4．15-60．4．15』、三七頁。

（26）한국외교문서〔韓国外交文書〕『제4차 한・일회담．교섭 및 훈령〔第4次韓・日会談．交渉及び訓令〕、1958-60』一四頁。

（27）長澤裕子「日韓会談と韓国文化財の返還問題再考—請求権問題からの分離と文化財協定」、李鍾元他『歴史としての日韓国交正常化Ⅱ - 脱植民地化編』、東京：法政大学出版局、二〇一一年、二一七頁。

(28) 日本外交文書「第四次日韓全面会談における韓国請求権委員会の第二回会合」一九五八年五月二七日、文書番号：四四四。

(29) 한국외교문서〔韓国外交文書〕『제4차 한일회담（1958．4．15-60．4．19）청구권위원회 회의록、제1-3차、1958．5．20．-12．17〔第4次韓日会談（1958．4．15-60．4．19）請求権委員会会議録、第1-3次、1958．5．20．-12．17〕』、五六五頁。

(30) 한국외교문서〔韓国外交文書〕『제5차 한・일회담 예비회담 본회의 회의록 및 사전교섭、비공식회담 보고〔第5次韓・日会談予備会談：本会議会議録及び事前交渉，非公式会談報告〕、1960．11-61．5』（以下、『第5次韓日会談本会議会議録及び事前交渉，非公式会談報告』）、二六二～二六三頁。

(31) 조윤수〔趙胤修〕、前掲書、一四四頁。

(32) 한국외교문서〔韓国外交文書〕『제5차 한・일회담 예비회담 문화재소위원회 및 전문가회의 보고〔第5次韓・日会談予備会談、文化財小委員会及び専門家会議報告〕1960．11-61．5』（以下、第5次韓日会談文化財小委員会及び専門家会議）、二四頁。

(33) 한국외교문서〔韓国外交文書〕『제5차 한일회담 본회의 회의록 및 사전교섭、비공식회담 보고〔第5次韓日会談文化財小委員会及び専門家会議〕』、二九九頁。

(34) 한국외교문서〔韓国外交文書〕『제5차 한・일회담 예비회담 대표단 임면관계、1960-61』〔第5次韓日会談：代表団任免関係〕、五九頁。一方、資料には文化財小委員会の開催が1

回となっているが、二度開催されたため、本稿では2回に修正した。
(35) 박훈〔朴薫〕、前掲書、三六六頁。
(36) 日本外交文書「第6次日韓全面会談における文化財小委員会第2回会合」一九六一年一一月七日、文書番号：二六七。
(37) 日本外交文書「韓国文化財問題に関する文部省との打合せに関する件」一九六一年一一月一四日、文書番号：五七四。
(38) 한국외교문서〔韓国外交文書〕『제6차 한・일회담 문화재소위원회〔第6次韓・日会談、文化財小委員会〕、1962-64』、五二頁。
(39) 한국외교문서〔韓国外交文書〕『제4차 한일회담 문화재 반환 교섭〔第4次韓日会談文化財返還交渉〕』、一五頁。
(40) 日本外交文書「第四次日韓全面会談における請求権小委員会（文化財）の第五回会合」一九五八年一〇月二五日、文書番号：四四五。
(41) 한국외교문서〔韓国外交文書〕『제5차 한일회담 문화재소위원회 및 전문가회의〔第5次韓日会談文化財小委員会及び専門家会議〕』、二二三〜三一頁。
(42) この目録は「第7項目」を5項目、20件の文化財に詳細化したものであるが、梁山夫婦塚の出動品、地域出土品、伊藤博文の高麗磁器、古書籍、慶尚南道・慶尚北道所在の古墳及びその他の遺跡から出土されたもの、小倉武之助の所蔵品などが記載されていた。
(43) 한국외교문서〔韓国外交文書〕『제6차 한・일본회담（1961．1．20-1964．4월）

제2차 정치회담 예비절충：문화재관계회의・동경〔第6次韓・日本会談（1961．1．20-1964．4月）第2次政治会談予備折衝：文化財関係会議・東京〕1963』、二八～二九頁。

(44) 同前、四一～四五頁。

(45) 日本外交文書、「第7次日韓会談文化財専門家会合第1回」一九六五年五月一七日、文書番号：四五九。

(46) 日本外交文書、「第7次日韓文化財委員会第2回会合」一九六五年四月二八日、文書番号：四五七及び左記の文書。

(47) 大蔵省管理局「第七章 教育文化政策とその実績」『日本人の海外活動に関する歴史的調査 通巻第四冊朝鮮編第三分冊』、発行年不明、八八頁。

(48) 藤田亮策「朝鮮古文化財の保存」『朝鮮学報』第一集、一九五一年、二四五～二四六頁。

(49) 日本外交文書「金公使と会談の件」一九五七年二月二八日、文書番号：六八〇。

(50) 日本外交文書「岸総理金公使と会見の件」一九五七年三月九日、文書番号：六八二。

(51) 한국외교문서〔韓国外交文書〕『제6차 한・일회담．문화재소위원회、1962-64〔第6次韓・日本会談、文化財小委員会〕』、五四頁。

(52) 한국외교문서〔韓国外交文書〕『김종필 특사의 일본방문〔金鍾泌特使の日本訪問〕1962．10-11』、一七八頁。

第六章　日韓大陸棚協定の外交史的考察と未解決課題
——東アジア海洋ガバナンスの構築に向けて[1]

朴昶建

はじめに

本研究は、日韓大陸棚協定の交渉過程を検証し、東アジアの海洋秩序がどのように定立されてきたかを外交史的に考察し、その未解決課題に対する解決策を模索することを目的とする。現代的意味の東アジア海洋ガバナンスの形成に密接なかかわりを持つ日韓大陸棚協定にどのように影響を及ぼしたかを中心とする。論点として、一九五二年隣接海洋主権に関する大統領宣言（平和線宣言）と一九七〇年海底鉱物資源開発法および同法施行令をめぐる日韓間の政治的立場がどう展開されているかを検証する。研究方法は、日韓大陸棚協定の全史が検証できる韓国と日本の外交文書と同時代の主要マスコミの関連資料を基に日韓海洋史のレベルを超えて東アジア海洋ガバナンスの観点から議論を進めている。このアプローチは、既存の研究よりさらに明確に日韓大陸棚協定の現在的意味の把握に実証的な研究として貢献するだろう。

日韓大陸棚協定を外交史的に考察すると、日韓両国の漁業交渉過程で制限された範囲の排他的経済水域とその以遠の中間水域の設定という基本的枠組みの中で、大陸棚とその上部水域の生物および無生物資源保護、保存および利用のための隣接海洋主権について、制度的に協議を進めたことが確認できる。日韓大陸棚協定の起源は一九五二年平和線宣言にまで遡ることができる。同宣言は、対象水域内の水産資源だけでなく、海底下層土上の鉱物資源も対象に含まれていたため、日韓大陸棚協定にも大きな影響を及ぼした。その結果、日韓両国は一九七四年管轄権が重畳する大陸棚区域で石油と天然ガスなどの鉱物資源に関する共同開発に合意する日韓大陸棚協定を締結した。同協定は一時的かつ協定の履行拒否が可能な共同開発方式を採用したが、日韓両国の誠実な合意義務の履行を誘導して制度化された地域協同を基盤にした東アジア海洋ガバナンスの構築を志向している[2]。

周知すべき事実は、同協定の発効期間が五〇年であるため、依然として発効中の現時点で、この協定が締結された過程の外交史的追跡を通じて、日韓大陸棚協定の未来をどのように効率的に作っていくのかという点である。何よりも未完成の日韓大陸棚協定は、領有権と独島および海洋資源開発と関連した上部水域の処理問題などで両国の葛藤が続いているという事実を否定できない。これは「公海自由の原則」を基盤に東アジア型帝国秩序を再編しようとする日本と「沿岸国主権承認の原則」を基盤に東アジア型主権秩序の確立を求める韓国との規範的対立によって派生した歴史的構造の葛藤から始まる。[3] このような脈絡からの研究は、国際大陸棚レジームの発達と日韓大陸棚協定の形成をめぐる歴史的構造の分析により、東アジア海洋ガバナンスを根源的に理解することに役立つであろう。

本研究の構成は次のとおりである。まず、第一節は東アジア海洋ガバナンスとしての日韓大陸棚協定を紛争の解決ではなく、管理のレベルで説明する分析の枠組みを理論的に定立する。第二節は、日韓大陸棚協定を外交史的に考察し、管轄権重畳地域の海洋共同開発協定がどのように展開されたかについて、その歴史的背景と交渉過程をめぐる特徴を明らかにする。第三節は、共同開発という機能的・実利的側面を強調した暫定協定で、合意を見出した日韓大陸棚協定が直面している現在の未解決問題について論議する。最後に、結論として全体の内容を整理し、日韓大陸棚協定と絡めて派生する東アジア海洋ガバナンスの今後の課題を提示する。

一　東アジア海洋ガバナンスの日韓大陸棚協定

日韓大陸棚協定を東アジアの海洋ガバナンス（ocean governance）という観点で議論した研究は殆どない。日韓大陸棚協定に関する既存の研究は、共同開発協定をめぐる日韓間の海洋秩序に焦点を合わせて議論している。このような既存の研究は大陸棚制度の定着と限界、そして法的な考察を通じて日韓両国に関連した紛争の解決を超えて、管理レベルの接近で議論を展開している。具体的に見ると、第一は、日韓間の共同開発協定の締結とその背景に焦点を合わせた研究[4]、第二は海洋境界画定原則をめぐる関係国の政治的立場に焦点を合わせた研究[5]、第三は、大陸棚あるいはＥＥＺの管轄権をめぐって海底資源の共同開発に焦点を合わせた研究[6]などに大別できる。しかし、このような研究は、おもに国際法学者が中心となって、大陸棚概念の新たな定立に伴う紛争解決の法的性格をめぐる対応策の論理を見出すことに焦点を合わせているため、日韓大陸棚協定の形成をめぐる外交史的な論議はほぼない。したがって、本研究は東アジア海洋ガバナンスという理論的背景に基づき、日韓大陸棚協定の起源に対する外交史的実証分析を進める。

東アジア海洋ガバナンスという域内領海の重畳、他の海洋管轄権水域間の重畳、紛争島嶼による海洋管轄権の重畳問題、海洋境界重畳水域で資源の探査・開発などをめぐる「個人と制度、共同部門と民間部門にわたる共同の関心事を扱う管理形態で、相互対立する多様な利害関係を解決するための協働的かつ継続的な過程」として定義される。[7] これは多元的主体による統治方式として、公式的な機構、制度、レジームの形で類型化することで、国際社会で葛藤を解決して相互依存を目的とするゲームの規則を定めることができる制度的装置を樹立して履行するということを意味する。[8] このような意味で、東アジア海洋ガバナンスとして日韓大陸棚協定を分析することとは、東アジア大陸棚レジームの形成をめぐる関係国の政治的利害関係を把握する上で役立つ。例えば、日韓大陸棚協定は管轄権と近隣の島に対する領有権を含む多くの問題を未解決の状態で残した暫定協定の性格を帯びているが、ソウルと東京が最大限の満足を享受できる交渉義務の履行を通じて域内の安定と発展に向けた「共同開発協力レジーム」を構築しているという点で東アジア海洋ガバナンスの規範を反映しているという事実を否定できない。[9]

東アジア海洋ガバナンスは地域の安定と繁栄を享受するために共同の目標、利益やアイデンティティを基盤に構成員間の政策的相互依存を志向する。[10] ここで注意深く調査すべきことは、国家や非国家単位の組織を問わず、東アジア海洋ガバナンス体制が、構成員間の制度化された協働を通じて海洋境界画定、海洋領土画定および海底資源共同開発をめぐる葛藤と対立を緩和し、東アジア海洋の均衡発展を継続的に達成できるかどうかということである。では東アジア海洋ガバナンスとして日韓大陸棚協定を再照明することが海洋境界画定および海洋資源共同開発にどのような含意を内包しているのだろうか。この問いの解答を見出すために本節では、東アジア海洋ガバナンスとして日韓大陸棚協定を国際海洋レジーム理論と国連海洋法協約の解釈論に基づき、管轄権の主張に関わる紛争解決のレベルではなく、管理のレベルで理論的概念を論議する。

第一は、不確実性の解消（elimination）である。東アジア海洋ガバナンスが本格的に現れるようになったきっかけは、資源安保や戦略的レベルで海洋価値の重要性が注目されてからである。陸地に埋葬された石油、天然ガスなどエネルギー資源の枯渇が予想される不確実な状況で、海底に埋蔵されたエネルギー資源確保は、東アジアの国々にとっては死活問題として現れるとともに関連国家の主要海洋紛争の原因となっている。[11] 東アジアの海洋紛争は、海洋利用の単なる技術的競争のレベルを超えて、海洋地理的範囲での海洋境界の設定や海洋領土画定をめぐる紛争だけでなく、各国の資源安保と軍事安保など、国家の生存のための死活的な利益までかかった様々な問題を含んでいる。東アジア海洋をめぐって展開される米国と中国との間の力の競争は、海洋だけに止まらず、海洋と陸地を含む東アジアの秩序変化にも直結するものである。このような状況で、東アジアの海洋紛争は地域の不安定性を増幅させる。東アジア諸国の中で、とくに日本、中国、韓国が含まれる東アジアの領海は東シナ海、黄海および東海（トンへ、日本海）で構成され、この地域の異なる歴史的・地理的環境によって、海洋管轄権に関する法的・政治的問題解決も難しい現実であり、さらに、様々な政治的および経済体制に複雑な問題が絡み合っている。[12] このような不確実性の解消は、東アジア海洋ガバナンスを説明できる重要な概念である。

第二は、行為者の調整（coordination）である。ここで調整とは、東アジア海洋ガバナンスに参加する行為者間の関係において、イシューに対するある一方的な意見開陳ではなく、相互信頼を基に異なる見解を継続的な対話と説得の過程を経て合意に達することを意味する。これは、参加者間に存在する利害の交錯領域で現れる行為と相互利益の拡大、非正常的状況の復旧、利益配分の変更、新たな関係設定の過程を含んでいる。[13] もちろん日韓大陸棚協定をめぐる行為者の調整は関連国の利害関係がそれぞれ異なるため、収益と費用の配分比率に対する一律に確立された規則は存在しない。従って、東アジア海洋ガバナンスの関係国は、関連状況条件を反映して交渉を通じて各国に「利益配分」の割合と方式を、調整を通じて決定しなければならない。[14] このような調整は東アジア海洋ガバナンスを構築しようとする参加行為者が責任を共有することによって共同の目標に向けて努力するための政治的相互作用である。[15] すなわち、行為者の調整は、東アジアの領有権および資源問題の解決へとつながり、関係国家間の海洋の緊張緩和に寄与し、紛争水域での海洋問題に対する暫定的および合理的な解決案を提供し、紛争水域の緩衝地帯のような役割などを行っている。このように、行為者の調整は、海洋協力を増進させるための行為者の自律性、ネットワーク的管理、体制の目標志向性の特性を包括する一つの新たな統治運営の様式と定義される、もう一つの東アジア海洋ガバナンスの重要な概念である。

第三は、グローバル責務の履行（implementation）である。東アジア海洋ガバナンスは、人類共同の遺産保護、持続可能な開発、環境保護、国際協力、生態系アクセス方法および予防など、グローバル責務を履行する原則を含んでいる。海洋法協約の第一九七条は、各国が「特殊な地域の特性を考慮して直接、または権限を持っている国際海洋レジームを通じて海洋環境を保護し保存するためにこの協約と合致する国際的なルール、基準、勧告、慣行および手続きの樹立の発展に協力する」として、世界的な責務の履行を規定している。このような責務は東アジア海洋ガバナンスにも適用される。とくに東アジア海洋の重畳の大陸棚が確認された場合、関連国に最終境界画定に至るまで暫定約定を締結するように、信義誠実に立脚して交渉し、最終境界画定を妨害するような行為を自制するよう要求している国連海洋法条約第八三条三項の海洋共同開発に関する国際法上の手続き的義務は、グローバル責務の履行にも直結している。もちろん、ここには信義誠実なる交渉の義務と相互自制の義務を通じて海洋共同開発に対する手続き的義務を規定しているだけで、実体的事項に対してはその規律が不十分で、関連国際慣習法の確認を求めている。しかし、グローバル責務として両者間の協約を基盤とした海洋共同開発に対する協力の義務を含んでいることは否めない。このような意味から、グローバル責務の履行は、東アジア海洋ガバナンスを構築している重要な概念である。

二　日韓大陸棚協定の外交史的考察

一九七四年一月三〇日、韓国政府と日本政府は大韓民国と日本国間の両国に隣接した大陸棚の南部区域共同開発に関する協定とその付属合意議事録、掘削義務に関する交換覚書、海上衝突予防に関する交換覚書、海上汚染除去および防止に関する交換覚書、大韓民国と日本国間の両国に隣接した大陸棚北部区域の境界画定およびその付属合意議事録という二つの基本協定と付属文書に公式に署名した。この中で南部区域の大陸棚協定は専門三一個の条文および付属表で行われており、合意議事録と三つの交換公文が添付されているが、韓国と日本の大陸棚の主張が重複する約八二、〇〇〇㎢に達する東シナ海海底と地下を共同で開発するという内容の合意をいわゆる「日韓大陸棚共同開発協定」あるいは「日韓大陸棚協定」という[16]。本章では、戦後の日韓海洋秩序の再編過程で日韓大陸棚協定が東アジア海洋ガバナンスの構築にどのような影響を及ぼしたかを、外交史的な脈絡でその歴史的背景と交渉過程の特徴を追跡する。

1　歴史的背景

一九五二年一月一八日、韓国政府は「平和線」と呼ばれる「大韓民国隣接海洋の主権に関する大統領宣言」を発表した。これは、韓半島（朝鮮半島）周辺に部分的に最長二〇〇海里に迫る水域と海底の大陸棚に関する大韓民国の主権を表明したもので、東側には独島を含んでおり、西側は小黒山島の沿岸で済州島付近に境界線斜めに引かず、新義州付近で済州島の南西側を直線で境界を画定している[17]。平和線は韓半島周辺水域で日本漁船の濫獲を防止するために設定した一種の排他的漁業水域宣言の意味として出発したとも言える。しかし、韓国政府は国務院告示第一四号を通じて、「国家の領土である韓半島および島嶼の沿岸に隣接した海床の上下に既知され、さらには将来に発見されるすべての鉱物資源や水産物を国に最も有利に保護、保存および利用するため、その深度の如何を問わず隣接海床に対する国家の主権を保存、行使する」と明らかにしながら、その意味を対象水域内の水産資源だけでなく、海底深土上の鉱物資源も対象に含むという点を指摘した[18]。

注目すべき事実は、平和線宣言の理論的名分を提供した事件が「トルーマン宣言（Truman Proclamation）」ということである。なぜなら、李承晩政権は海洋管轄権に対するトルーマン宣言の「拡張された国際的な先例」に便乗して平和線を宣布したからだ。[19] 一九四五年九月二八日、米国のトルーマン大統領は、現代的意味で海洋ガバナンスの基礎を提供した第二六六七号「大陸棚の自然資源に対する米国の政策に関する大統領宣言」と第二六六八号「公海一定地域の沿岸漁業に対する米国の政策に対する大統領宣言」という二つの政策宣言を発表した。前者は、上部水域は公海として維持するが、沿岸の水深約一八〇mまで大陸棚の天然資源は、米国の管轄権と統制権に帰属するという内容だった。後者は、この水域の公海としての性格と自由航海は保障されるが、米国沿岸に隣接する一定の公海水域を漁業資源保存水域として宣布し、他国がこの水域で漁業活動をする場合には、その国との協定を通じて水産資源を保存しなければならない、という内容である。このようにトルーマン宣言は、大陸棚の天然資源に対する最初の国家宣言で、資源活用の効率性の確保と大陸棚が「沿岸国大陸塊（land mass of the costal naticn）」の延長という根拠を正当化する管轄権の主張として、海洋ガバナンスの構築で大陸棚制度と排他的境界水域（ＥＥＺ）制度を定立するきっかけを提供した。それなら、戦後東アジアの海洋秩序構築の過程でどのような外交史的脈絡と連動して海洋ガバナンスとして日韓大陸棚協定が形成されたのか。

第一は、トルーマン宣言とグローバル海洋ガバナンスの定義である。トルーマン宣言により大陸棚の自然延長線の概念が導入されたが、大陸棚の定義とその範囲を定立することはグローバル海洋ガバナンスの重要な議題となった。注目すべきことは、トルーマン宣言で、海洋境界画定に関連して「大陸棚が他国の沿岸まで延びていたり隣国と共有したりしている場合には、その境界線について米国と関連国家の間で衡平の原則に基づいて決定するべきである」という曖昧な見解を明らかにしたことにより、論争の余地を提供したという点である。[20]その結果、国連海洋法会議で隣接国間の海洋境界画定は重要なイシューとして浮上しており、国際社会は一九五八年第一次ジュネーブ国連海洋法会議（ＵＮＣＬＯＳⅠ）、一九六〇年第二回ジュネーブ国連海洋法会議（ＵＮＣＬＯＳⅡ）、一九八二年第三次マルタ国連海洋法会議（ＵＮＣＬＯＳⅢ）を通じて、海洋ガバナンスとして大陸棚の法的条項について持続的に協議と調整を進めた。とくにＵＮＣＬＯＳⅢで大陸棚の法的概念を明瞭に定義し、二〇〇海里以遠の拡張警戒を科学的に画定するようになった。その結果一九八二年一二月、一一九カ国が「国連海洋法協約」に署名し、一九九四年一一月、正式に発効した。国連海洋法協約は、大陸棚をＥＥＺとして使用する二〇〇海里距離の基準と国際慣習法が支持してきた地質学的概念である大陸縁辺部を使用して定義した。[21]国連海洋法条約で大陸棚に関する規定は、かなり複雑で難解であるが、究極的には沿岸国が大陸棚を探査およびその天然資源を開発するために、大陸棚の主権的権利を行使できるという意味に解釈される。[22] このようなグローバル海洋ガバナンスの定義により、大陸棚をめぐる東アジア諸国の合意の枠組みが形成できるようになり、同時に、日韓大陸棚共同開発協定が制度的に発展できる構造的背景を整えたと言える。

第二は、平和線の撤廃と日韓漁業協定の締結である。日韓漁業協定は「日本国と大韓民国との間の漁業に関する協定」という名称で本文一〇条、一つの附属書、四つの議事録と四つの交換公文で構成されており、[23] 一九五二年二月二〇日から七回の政府間交渉を経て、一三年四ヵ月後の一九六五年六月二二日に調印された。[24] 一九六五年の日韓漁業協定の国際的規範は一九五八年と一九六〇年の国連海洋法会議および海洋に関するジュネーブ条約などに基づいて作られた。[25] 同協定の交渉過程で、平和線をめぐる両国の異なる立場は、最も大きな障害要因だった。平和線に関する韓国の立場は、国際的にも領海以遠について、沿岸国が水産資源を保護するための一定の管轄権行使が拡散しているため、日本漁船の濫獲と国内漁業の劣悪な実情から、韓半島沿岸の水産資源保護のための不可避な措置だということである。一方、日本の立場は、公海自由の原則上、当事国の合意なしに一方的に排他的漁業水域を設定することが違法であるため、撤廃すべきとの主張であった。例えば漁業管轄権を巡り、韓国側の任哲鎬代表は、正義と公平の原則によって公海資源に対する沿岸国の利益を強調した沿岸国主義を主張した反面、日本側の千葉皓代表は、公海自由の原則と漁業資源に対する最大限、持続的な生産性の確保を強調した。[26] こうした日韓両国の異なる立場にもかかわらず、一九六五年六月の日韓漁業協定の締結を通じて最終的に一二海里漁業専管水域に合意するとともに、その外郭の共同規制水域では旗国主義に立脚した取り締まりに合意したことで、平和線は事実上撤廃された。[27]

第三は、国連の極東経済委員会（ECAFE）報告書と海底鉱物資源開発法および同法施行令の制定である。一九六六年国連のECAFEは、東アジアの海底の潜在的鉱物資源を探査する目的でアジア沿岸地域鉱物資源の共同探査調整委員会（Committee for Coordination of Joint Prospecting for Mineral Resources in Asia Off shore）を設置し、西海（黄海）と東シナ海の広範囲な地質学的な探査作業を履行した。この作業の結果、発表された一九六九年の報告書は台湾と日本間の大陸棚は世界で最も肥沃な石油埋蔵地帯の可能性が高く、石油やガスに関する二番目の有望区域は三つの広大な海盆がある西海海底である。これら海盆は相互につながっており、その中間海盆は韓国の近くにあり、残りの二つの海盆は、中国の近くにある点を指摘し、同地域に相当な量の石油とガスが埋蔵されていることを発表した。[28] この報告書が発表されたことによって、関連沿岸国が、東アジアの大陸棚をめぐる海底開発の可能性の基準と領海幅に関する国内法の制度的装備を備える作業を始めることになった。その結果、一九七〇年一月、韓国政府は韓半島とその付属島嶼の海岸に隣接した大陸棚に存在する石油や天然ガスなど天然資源を合理的に開発することとして産業発展に寄与することを目的に「海底鉱物資源開発法」を制定した。さらに、同年五月同法施行令を公布し、第三項に基づき、面積約三〇万平方キロメートルに達する七つの海底開発の鉱区を設定しただけでなく、欧米の石油開発会社らと個別契約を締結した。[29]

このような韓国政府の措置は、一九六九年三月、国会で係留中だった「海底鉱物資源開発法案」の概要を日本政府に通知された。これに対して、日本政府は、一九六九年四月、在日本韓国大使館を通じて「大陸棚開発計画に関連した日本政府の問い合わせ」という文書を通じて韓国政府の大陸棚の開発計画に関する討議資料および面談要録等についての内容を問い合わせており、一九七〇年六月、大陸棚境界画定のための政府間協議を要請した。[30]その結果、一九七〇年一〇月から一九七二年三月まで三回にわたって政府間の実務者予備協議を開催した。このような韓国の敏捷な対応は、日韓大陸棚協定の交渉過程で日本より優位に立って交渉を主導すると同時に、大陸棚と海底開発に対する東アジア海洋ガバナンスの構築に向けた新たな地域秩序の再編を促進する土台となった。

2　交渉過程の特徴

一九七二年一〇月からソウルと東京を行き来しながら四回の実務者会議と五回の実務者小委

員会議を経て一九七三年七月に共同開発協定が確定されており、一九七四年一月三〇日、日韓大陸棚共同開発協定が締結された。日韓大陸棚協定が短期間で締結され、拙速に対する懸念もあったが、日韓両国の大陸棚の共同開発に対する切実さと必要性が未来志向的な関係改善にも役立つであろうという相互依存的な側面が強かった。

第三節で論議するものの、日韓大陸棚は多くの問題が未解決のまま、共同開発という機能的・実利的なアプローチを重視しながら、異なる形態の協定批准の様子を見せた。韓国政府は署名後、同年一二月に国会の承認を受け、批准を早々に終えた。日本政府は署名後三年が経過した一九七七年六月、国会で形式的な承認を得た。こうして、一九七八年六月に日韓大陸棚協定は最終的に発効した[31]。そのおもな理由は中国からの強い抗議だった。当時、日本と中国は一九七二年九月に国交を正常化したために、日本は、北朝鮮政権を考慮する中国の政治的立場に注意し、関係設定を慎重にしなければならなかったのである。

日韓大陸棚協定は、単純な両国間の問題に局限されるというよりも、東アジア海洋ガバナンスの構築過程で韓中日三国の海洋管轄権をめぐる各国の立場が激しく対立する分岐点になった。興味深いのは、対立の中心が韓国の一貫していない立場から始まったという事実を否定できないという点である。例えば、韓国は中国に黄海および東シナ海の一部で大陸棚の外側限界を中間線原則とする立場を明らかにしたが、日本とは東シナ海の一部水域の境界画定に関して陸地の領土の自然延長線、または公海上の沿岸国の領土主権に依存するとの立場を明らかにした。何よりも中国は、自国の同意と参加なしに韓国と日本が大陸棚南部区域共同開発協定を締結したことに強く抗議した。このような中国側の強力な問題提起により、世界の主要石油会社が投資を回避することになったため、共同開発は予想ほど進展が見られなかった。東アジア領海の資源民族主義による様々な摩擦要因が存在したにもかかわらず、日韓両国は経済と安保という二つの利益を共同で確保するという観点から、大陸棚共同開発協定を締結した。日韓大陸棚協定の交渉過程には、次のような特徴がある。

第一として、国際司法裁判所（ICJ: International Court of Jurists）の勧告によって、共同管轄利用あるいは開発に関して合意したことが挙げられる。大陸棚重畳水域で関連国間の海洋共同開発の国際判例は一九六九年ＩＣＪ北海大陸棚事件後、紛争当事国が要請していないにも関わらず、海洋境界画定とともに数回共同開発を提案・勧告してきた[32]。ここでは、大陸棚に関するジュネーブ条約に規定されていない陸地領土の自然的延長という基準を提示し、境界画定に適用される法原則と関連し、衡平の原則に基づいて当事国間の合意によって行われ、合意に至らない重畳地域は共同管轄、利用、または開発を勧告する内容が明記されている。この内容は管轄権主張が重畳する区域が存在する場合、共同開発が法的義務であることを意味するものではなく、暫定措置として協力を促進する政治的勧告であることに留意する必要がある。日韓大陸棚協定はこのようなＩＣＪの判示事項を適切に反映して、①日韓両国の主張が重畳している大陸棚を共同開発の対象としているという点、②鉱物資源を共同開発に限定しているという点、③政府間協議体である共同管理委員会を置いているという点、④実際の開発は関連会社間の契約のために指定された運営会社に任せているという点、⑤共同開発に適用される法規で、協定文以外の事項は各鉱区の運営会社が属する国内法に従うようにしているという点、⑥租鉱料や税金の納付は民間会社の国籍国の法令に従うようにしているという点、⑦利益配当と費用負担は均等の原則が適用されるという点などのような特徴があり、共同開発に関する交渉義務の合意を達成した事例として評価できる[33]。

第二として、「共同開発案」を公式に受け入れたことが挙げられる。日韓大陸棚協定は両国の隣接大陸棚に対する管轄権の主張そのものの放棄を意味するものではなく、凍結を意味するものであり、放棄の対象が一般的管轄権の主張から発生する単独開発の意志を放棄することを意味すると解釈しなければならない。ソウルと東京は一方的な管轄権の主張による大陸棚の未開発状態よりも、共同開発がより実利的だという現実的な考慮で交渉義務を誠実に履行した[34]。こうした両国間の交渉が急速に進展したきっかけは一九七二年八月に開催された日韓協力委員会第八次常任委員会歓迎会の席で、日本側の代表である矢次一夫が金鍾泌首相に共同開発案を提案したのが始まりであった。矢次は大陸棚に埋蔵されている資源は大変な価値を持つ資源であり、現在の技術で探査や開発が難しいわけではないが、海洋資源は国際的な資産と認識し、個別国家の範囲で分けるよりは共同開発する方がよいという提言をした。[35]これに対し、金鍾泌首相は前向きに回答した。その結果、一九七二年九月、日韓両国は共同開発案を公式的に受け入れ、第六次の日韓定期閣僚会議で最終合意に至った。

第三として、問題の協議のため、日韓共同委員会を設置して進めたことが挙げられる。同委員会は、日韓両国が任命する二人の委員で構成された二つの国別委員部で構成され、委員会のすべての決議、勧告、決定は国別委員部間の合意のみで行われた。協定第二四条と第二五条によると、委員会は毎年一回以上そして一方の国別委員部の要請があればいつでも会合を持つことができ、協定の運営と履行に関して勧告できる権限を持っているとともに、当事国は委員会の勧告を可能な限り尊重するとされている。とくに同委員会が遂行する機能は①協定の運営を検討し、必要な時には本協定の運営を改善するために取る措置について審議し、当事国に勧告、②当事国が毎年提出する租鉱権者の技術および財政報告書の受付、③租鉱権者の間に不可能な紛争解決のための措置を当事国に勧告、④共同開発区域内の天然ガスの探査または採取のための運営者の作業および施設物その他の設置物の観察、⑤協定の効力発生を予見できなかった当事国法規適用に関する問題を含む諸般問題を研究し、その問題を解決するための適切な措置を当事国に勧告、⑥当事国が提出した共同開発区域内の天然資源の探査および採取に関して、当事国が公布する法規に関する通告を受け、⑦本協定の履行に関するその他の問題を討議することに要約できる。こうした日韓共同委員会の機能の下で、実質的な共同開発は民間会社に委託する形を取った。共同開発に関与している民間会社は韓国側では湾岸（ＧＵＬＦ）、シェル（ＳＨＥＬＬ）、テキサコ（ＴＥＸＡＣＯ）、コリアン・アメリカ（ＫＯＡＭ）、日本側では帝国石油、日本石油、西日本石油などで、彼らは日韓大陸棚の試錐と探査を共同で施行した[36]。言い換えれば、日韓共同委員会は両国が交渉義務の履行を効果的に発展させるだけでなく、東アジア海洋ガバナンスの構築を促進するための制度的な補完装置として評価することができる。

	開催日	会談場所	主要内容および結果
第1回 予備実務者協議	1970・11・4〜1970・11・5	ソウル	韓国が主張する「自然延長原則」と日本が主張する「中間線原則」が対立して合意点を見出せず。
第2回 予備実務者協議	1971・9・28〜1971・9・30	ソウル	日韓両国は、従来の立場だけを繰り返すだけで、意見は平行線。
第3回 予備実務者協議	1972・2・17〜1972・2・18	ソウル	第七鉱区大陸棚の境界画定に関する国際法上の問題の論議。しかし、日韓両国は、従来の立場だけを主張。
第6回 日韓閣僚会談	1972・9・5〜1972・9・6	ソウル	資源開発の緊急性と両国の共同利益の追求という大局的見地から管轄権主張が重なる区域を共同開発することで原則的に合意する。とくに、朴正熙大統領と大平外相、金溶植外務大臣、中曽根通産相の間で、大陸棚の共同開発のための協定の枠組みに合意。

会議	期間	場所	内容
第1回 実務者協議	1972・10・5〜1972・10・6	ソウル	大陸棚の共同開発に関する日韓両国の原則的問題の検討。
第2回 実務者協議	1972・11・28〜1972・11・29	東京	大陸棚の共同開発に関する原則問題討議。
第3回 実務者協議	1972・12・20〜1972・12・21	ソウル	大陸棚の共同開発に関する全般的な問題点討議。
第4回 予備実務者協議	1973・2・1〜1973・2・2	東京	対象区域確定問題など全般的な問題を討議。次回の会合はより実務を扱う小委員会の形式で開催することに合意。
第1回 実務者 小委員会議	1973・3・5〜1973・3・7	ソウル	大陸棚協定試案相互交換。
第2回 実務者 小委員会議	1973・3・29〜1973・3・31	東京	大陸棚協定の全般的問題討議。
第3回 実務者 小委員会議	1973・4・23〜1973・4・28	ソウル	大陸棚協定の全般的問題点討議。
第4回 実務者 小委員会議	1973・5・30〜1973・6・14	東京	租鉱権者に対する租税問題など、いくつかの問題を除いた全体条約の文案確定。
第5回 実務者 小委員会議	1973・6・27〜1973・7・4	ソウル	大陸棚の共同開発および境界線画定に関する条約文案の確定。
大陸棚共同開発協定署名	1974・1・30	ソウル	日韓両国政府は、大陸棚共同開発協定に署名。

〔表1〕日韓大陸棚協定の交渉過程　＊出所：朴袒建（2010、176）

三　未解決課題として日韓大陸棚協定

国連海洋法条約における大陸棚に関する規定は、かなり複雑で難解であるが、結局は沿岸国が大陸棚を調査およびその天然資源を開発するために、大陸棚の主権的権利を行使できるという意味に解釈される。[37] このような国際社会における大陸棚概念の新たな定立は、東アジア海洋ガバナンスにおける日韓大陸棚協定の交渉と締結に重大な影響を及ぼしたことは否めない。日韓大陸棚協定は、紛争海域で領有権問題を凍結し、共同開発を制度的に定着させているにもかかわらず、調印から六年三ヵ月後の一九八〇年五月に共同開発が開始されたものの、現在まで実質的な成果は上げられずにいる。その理由は、大陸棚の境界画定に対する日韓両国の政治的立場である。大陸棚の境界画定問題が鋭く対立すると、日本は共同開発に乗り出してから、八年後の一九八六年、突然探査中止を一方的に宣言した。これは日本が主張している中間線原則が日韓共同開発区域の一〇区域のうち八区域を自国の領土に編入させる名分を得ているからである。とくに日本は、境界画定と関連して、一九九六年の「排他的経済水域及び大陸棚に関する法律」で二〇〇海里の範囲内で大陸棚に対する経済水域の優位や重要性を強調して、この制度の境界画定の原則を中間線で主張した[38]。これは、日本が大陸棚と経済水域に共通する単一境界画定を採用するのが自国に有利に働くだろうという国際法理的な解釈から始まっている。一方、韓国は、中間線の原則の一律の適用に反対し、国際法に基づいて相手国との合意によって境界を画定することを望んでいる。

国連海洋法協約は、海洋境界合意が相当期間内に難しい場合、紛争水域での海洋紛争を防止し、同水域内で紛争当事国の国民の既存海洋利益を保護するために、当事国は実務的な性格を持つ暫定約定のために誠実に交渉しなければならない義務を課している。より具体的にみると、国連海洋法協約の第七六条八項によると、対抗国間の海洋の幅が四〇〇海里に満たないところでも、国家は二〇〇海里以遠と大陸棚を主張することができ、このような主張の文書を国連大陸棚限界委員会（CLCS: Commission on the Limits of the Continental Shelf）に提出するように規定している。同時に、ＣＬＣＳは、提出された文書を審議し、当該沿岸国の大陸棚外側限界を勧告することができ、このような勧告に基づき、沿岸国が画定した大陸棚の限界は、終局的で拘束力があると明示している[39]。これに対し、韓中日三国は国連海洋法協約の当事国として、日本は二〇〇八年一一月一二日、中国は二〇一二年一二月一四日、韓国は二〇一二年一二月二六日、ＣＬＣＳに各国二〇〇海里以遠大陸棚の外側限界について文書を提出した。その結果、日本は審査および勧告を受けたが、韓国と中国はＣＬＣＳ議事規則の規定により、当該区域で海洋紛争の存在を理由に審査対象から排除された。ＣＬＣＳは二〇一二年四月、日本が申請した四つの海域の大陸棚の延長を認めたが、九州―パラオ海嶺の南部海域など三つの海域の延長申請は二〇一八年一二月現在まで勧告を見送った[40]。

韓中日三国は狭い海洋水域を持っていることから、一国の一方的な海洋境界画定方式は他国に重大な影響を与えることがあるため、東アジア国家の海洋境界を効果的に解決するためには、関係国間国連海洋法協約の一般原則および規範をもとに東アジア海洋ガバナンスの構築が切実に求められる。このような状況的脈絡で一九七四年に締結された日韓大陸棚協定の効力が最低五〇年間発生するため、少なくとも東シナ海海底資源の共同開発プロジェクトは維持される可能性が大きい。もちろん、日韓両国が合意で得られる利益をどのように配分するのかの問題は、日韓大陸棚協定が未解決のまま残している主要な変数である。すなわち、配分をめぐる葛藤のため、合意が履行されなかったという事実を否定することはできない。共同開発という機能的・実利的側面を強調した暫定協定で合意を導き出した日韓大陸棚協定が現在までも未解決課題として残っている理由は、次のような問題に直面しているためである。

第一は、非効率的な共同開発の管理構造である。共同開発協定の管理の仕組みは当事国の主権的権利の保護と自国の均等な配分の面で相互に満足な基盤を提供しなければならない[41]。ここでの管理は、共同開発区域内での石油およびガス資源の探査・開発活動全般に対する管理、許可・

運営・監督権をすべて含むことを意味する。日韓大陸棚協定では、共同開発の施行に向けた協議の手段として共同委員会を設置し、運営しているが、その効率性は両国間の関係と密接につながっている。実際、海底資源の共同開発は日韓関係が円満であれば別段問題なく推進されたが、両国関係が葛藤と対立の関係に直面すると、まったく進展がなく危機に直面してきた。なぜなら、共同開発の管理構造は、協定を締結する当事国の政治、経済、歴史などのように国内的に敏感な関連状況を反映しての結果によって決まるからである。例えば、日韓大陸棚協定の共同開発は、租鉱権者と運営者の選定に両国政府が深く関与しているため、運営者の選定がスムーズに進んでいない。このため、共同委員会が共同開発をめぐる葛藤の解決に寄与できないため、両国政府の意思を交換する場所程度にその役割が制限されているのが現実である。このような非効率的な共同開発管理の仕組みを補完するため、日韓大陸棚協定の共同開発管理のために租鉱権を発給して外国企業と直接契約を締結するなど強力な権限を持った独立的な法人の性格の共同組織（Joint Authority）の設立が切実に求められる[42]。

第二は、形式的な紛争解決の手続きおよび制度である。共同開発協定は当事国間の紛争、共同機構と契約者間の紛争など、事案別に適用する紛争解決手続きと準拠法を定めている。共同開発協定は交渉などの内部手続きとともに、第三者的な紛争解決手続きを規定しており、様々な国際法上の紛争解決方法が使用されることがあり得るため協議、交渉、調整といった外交的方法はもとより、仲裁などのような法的な方法も使用が可能である[43]。日韓大陸棚協定で協定履行と関連した紛争が発生した場合、まず、外交的経路を通じて解決を模索し、もしこの方法が失敗した場合、三人の仲裁委員で構成された仲裁委員会の手続きによって判定を委任する。しかし、仲裁委員会を通じた紛争解決の場合、一方がこれを拒否する場合にも手続きが引き続き進行できるかが疑問である。何よりも、一方の作為または不作為が協定の実質究明に対する違反であることを立証しなければならないが、現実として、曖昧な規定に含まれている協定の規定や目的などを根拠に、当事国の国際的義務違反を導き出せるかどうか不明確である。こうした日韓大陸棚協定で形式的な紛争解決手続を克服できる調停委員会を設置し、当事国の政府を実質的に拘束する決定の時間制限を付加するなどの効率的な紛争解決制度の導入が求められる。

第三は、国連海洋法の変化による日本の履行拒否である。前述したように海洋境界画定原則の変化とEEZの登場など関連国連海洋法の変化が一九七四年日韓大陸棚協定締結当時より今後展開される状況が日本側に有利な状況に進展する様相を見せている。これに日本は二〇二八年六月二一日までに協定の実際の履行を保留する消極的な戦略を展開している[44]。日韓両国は共同開発協定を締結した後、一九七九年の探査および生産運営権者を選定して、一九八〇年から一九八六年まで共同物理探査を実施して七個の掘削ボールを試錐したが、油田発見には失敗した。その結果一九八九年八月、石油公社とヘミルトンBP社および日本石油は共同粗鉱権を設定した後、一九九二年に返還した。以後、共同探査は中止されたが、韓国側は協定の履行のため日韓産業相会談と日韓・エネルギー実務協議会などを通じて共同探査を提案し、二〇一一年一二月の日韓産業相会談で「共同物理探査推進に関する共同声明書」を採択した。[45] 同声明書によって二〇〇二年八月から韓国石油公社と日本石油公団の共同で二小丘に対する共同物理探査を実施したが、日本側が経済性に対する否定的な判断から共同探査の中断を韓国側に一方的に通告した。次に、二〇〇六年から二〇一〇年まで両国の民間企業が過去行われた探査資料を基に共同研究を実施し、共同開発協定の糸口は残したが、二〇一〇年三月、日本側は「石油埋蔵の可能性が低い」という理由で共同研究さえも中断を決定した。言い換えれば、国連海洋法の変化と履行確保の手段の欠如は大陸棚の共同開発に対する日本の実質的な履行拒否と韓国の履行を強制できない理由になった。従って、日韓両国は信義誠実な交渉の義務原則の下で、共存のための努力を続け、資源開発と生産に伴う費用と収益に関する記録を提供するなど制度的協同に努力を傾けなければならない。

結論

本研究は、日韓大陸棚協定を外交史的に追跡し、東アジアの海洋秩序がどのように定立したのかを調べた。論争の出発点は一九五二年平和線宣布から遡って日韓大陸棚協定の起源として現代的意味の東アジア海洋ガバナンスが日韓関係史的脈絡でどのように形成されたかということである。日韓大陸棚協定は管轄権と近隣の島に対する領有権をはじめとする多くの問題を未解決のまま残した暫定協定の性格を帯びている。しかし、日韓両国は最大値の満足を確保するため、交渉義務の履行を通じて共同開発という機能的・実利的側面を強調した。これが東アジア海洋ガバナンスの規範を反映しているという事実は否定できない。このように東アジア海洋ガバナンスとして、日韓大陸棚協定は管轄権の主張と関連した紛争解決のレベルではなく、管理のレベルで不確実性の解消、行為者の調整、グローバル責務の履行などが注目される。

戦後の日韓海洋秩序の再編過程で、日韓大陸棚協定は、トルーマン宣言と国連海洋法協約の定義、平和線撤廃と日韓漁業協定の締結、国連の極東経済委員会報告書と海底鉱物資源法および同法施行の制定などの外交史的事件と連動し、東アジア海洋ガバナンスの一つの軸に位置づけられている。日韓両国は一九七二年一〇月から四度の実務者会議と五度の実務者小委員会を経て一九七三年七月に共同開発協定を確定し、一九七四年一月三〇日に日韓大陸棚協定を最終的に締結した。東アジア領海の資源民族主義によって様々な摩擦要因が存在したが、日韓両国は経済と安保という二つの利益を共同で確保するという観点で、大陸棚共同開発協定を締結した。さらに、日韓両国は同協定で、ICJの勧告によって、共同管轄の利用や開発に関する合意、共同開発案の公式化、日韓共同委員会の設置などの特徴を交渉過程で受け入れた。

一九六九年、北海大陸棚事件後、ICJは紛争当事国に共同開発区域の設定と共同開発制度を持続的に勧告してきた。国際法上、海洋共同開発制度は管轄権重畳水域で沿岸国の主権的権利を最大限保護し、共有資源の分配を公平性の原則に基づいて均衡を達成するための国家が最も好む海洋ガバナンスの形で、その体系と内容が収斂され発展している。注目すべきは、日韓大陸棚協定が紛争海域で領有権問題を凍結し、共同開発を制度的に定着させているにもかかわらず、現在までも実質的な成果をあげていない事実である。なぜなら、日韓大陸棚協定が非効率的な共同開発の管理構造、形式的な紛争解決および制度、国連海洋法条約の変化による日本の消極的な履行と拒否などの問題に直面しているからである。

日韓大陸棚協定は一九七八年から二〇二八年までの五〇年間有効である。関連当事国は三年前に書面通告をすることにより五〇年間の期間終了時に、あるいは次にいつでも協定を終了させることができる。さらに、五〇年間の有効期間にもかかわらず、一方当事国が共同開発区域内で天然資源をもうこれ以上経済的に採取できないと判断した場合、当事国は協定を改正するか、あるいは終了させるかどうかを相互合意して、万一、合意がなされない時は上記の期間の間有効であることを認識しなければならない。日本側の消極的な態度で探査および開発作業がまともに遂行されない中、協定の終了時点が近づいている。現状では二〇二八年に協定が終了する場合、過去のように、日韓共同開発区域で韓国と日本は中国とも本格的な海洋境界画定のための交渉に着手したり、中国が参加したあるいは中国の利害を考慮したりして、新たな共同開発協定を締結するための制度的努力を講じなければならない。

本研究では、日韓大陸棚協定の外交史的考察と未解決課題の分析を通じて東アジア海洋ガバナンスを説明する上で、主要行為者である中国を含んでいない。この点は、本研究の限界として指摘され、さらに、東アジア海洋ガバナンスの構築過程で政策決定に参加している行為者の利害関係を通じて未解決課題の大陸棚共同開発協定をより具体的に説明できるアプローチが、今後の課題として残っていると言える。言い換えれば、韓国政府は日韓大陸棚協定を東アジア海洋ガバナンスの一環と認識し、海洋共同開発全般に対する国家実行の研究と同時に成功的な海洋境界交渉戦略を樹立しなければならない時点を迎えているのである。

【注】

(1) 本研究は、『현대정치연구〔現代政治研究〕』一二巻一号（二〇一九）に掲載された筆者の論文を本書の形式に合わせて編集したものである。

(2) 박창건〔朴昶建〕「국제해양레짐의 변화에서 한일대륙붕협정의 재조명: 동북아시아 미시-지역주의 관점으로〔国際海洋レジームの変化で韓日大陸棚協定の再照明：北東アジアマイクロリージョナリズムの観点で〕」『한국정치학회보〔韓国政治学会報〕』二〇一〇年、第四五集一号。

(3) 남기정〔南基正〕「한일회담시기 한일 양국의 국제사회 인식: 어업 및 평화선을 둘러싼 국제법 논쟁을 중심으로〔韓日会談時期、韓日両国の国際社会の認識：漁業及び平和線をめぐる国際法論争を中心に〕」『세계정치〔世界政治〕』二〇〇八年、第二九巻、二号、一五六頁。

(4) 신창훈〔シン・チャンフン〕「대한민국의 대륙붕선언의 기원과 1974년 한일대륙붕공동개발협정의 의의〔大韓民国の大陸棚宣言の起源と一九七四年の韓日大陸棚共同開発協定の意義〕」『서울국제법연구〔ソウル国際法研究〕』二〇〇六年、一三冊二号、정인섭〔チョン・インソプ〕「1952년 평화선 선언과 해양법의 발전〔一九五二年平和線宣言と海洋法の発展〕」『서울국제법연구〔ソウル国際法研究〕』二〇〇六年、第一三冊二号。

(5) 박춘호〔パク・チュンホ〕「한국의 대륙붕경계 문제〔韓国の大陸棚の境界問題〕」『한국해법회지〔韓国解決策会誌〕』一九八四年、第六冊、一号、김은수〔キム・ウンス〕「한국과 일본간

남부대륙붕 경계획정에 관한 법적 문제점 소고〔韓国と日本間の南部大陸棚の境界画定に関する法的問題点小考〕」『국제법학논총〔国際法学論叢〕』一九九九年、第四四冊、二号、이석용〔イ・ソクヨン〕「해저자원 공동개발에 대한 국제법적 고찰：한일대륙붕공동개발협정을 중심으로〔海底資源の共同開発に対する国際法的考察：韓日大陸棚共同開発協定を中心に〕」『법학연구〔法学研究〕』二〇一五年、第五五冊、二号。

（6）이창휘〔イ・チャンフィ〕「대륙붕 한계의 변화와 법적 성질에 대한 고찰〔大陸棚限界の変化と法的性質についての考察〕」『해사법연구〔海事法研究〕』二〇〇五年、第一七冊一号、김자영〔キム・ジャヨン〕「관할권 중첩수역 해양공동개발에 관한 국제법 체제와 한일 대륙붕 공동개발협정의 재조명〔管轄権重複水域海洋共同開発に関する国際法体制と韓日大陸棚共同開発協定の再照明〕」『국제법학회논총〔国際法学会論叢〕』二〇一五年、第六〇冊、二号。

（7）E. L. Miles. 1999, "The concept of ocean governance: evolution towards 21st century and the principle of sustainable ocean use." Coastal Management, vol. 27, no. 1, p. 2.

（8）O. R. Young. 1994, International Governance: Protecting the Environment in a Stateless Society. Ithaca, (New York: Cornell University).

（9）박창건・안도준코〔朴昶建・安藤純子〕「동북아 근해협력으로서의 한일대륙붕협정：공동개발 협력 레짐의 구축을 향하여〔北東アジア近海協力としての韓日大陸棚協定：共同開発協力レジームの構築に向けて〕」、『일본공간〔日本空間〕』二〇一六年、第二〇冊。

（10）박창건〔朴昶建〕「해양 거버넌스의 재구축을 향한 일본의 국내 연구동향 분석：２０１３〜

２０１４년도 해양법・정책・안보・자원 및 환경 분야에 관한 문헌 검토를 중심으로［海洋ガバナンスの再構築に向けた日本の国内研究動向分析：二〇一三〜二〇一四年度海洋法・政策・安保資源や環境分野に関する文献の検討を中心に］」『동서연구［東西研究］』二〇一五年、二七冊、二号。

（11）Michael Klare. 2013. "The growing threat of maritime conflict." Current History, vol. 112, Issue, 750.

（12）한국외교통상부 조약국편［韓国外交通商部条約局編］『동북아해양법령과 유엔해양법협약집［北東アジア海洋の法令と国連海洋法協約集］』二〇〇六年、ソウル、一潮閣。

（13）Edward. H. Allison. 2001, "Big law, small catches: Global governance and fisheries crisis." Journal of International Development, vol. 13, no. 7; Michael Roe. 2009. "Maritime governance and policy-making failure in the European Union." International Journal of Shipping and Transport Logistics, vol. 1, no. 1.

（14）James D. Fearon. 1998, "Bargaining, Enforcement, and International Cooperation." International Organization, vol. 52, no. 2, pp. 296-297.

（15）G. L. Wamsley & Dudley, S. L. 1998. "From reorganizing to reinventing: sixty years and we still don't get it." International Journal of Public Administration, vol. 21, no. 2, pp. 27-28.

（16）한국외무부［韓国外務部］『대한민국과 일본국 간의 양국에 인접한 대륙붕 남부구역 공동개발에 관한 협정／대한민국과 일본국 간의 양국에 인접한 대륙붕 북부구역 경계획정에 관한 협정

〔大韓民国と日本国間の両国に隣接した大陸棚の南部区域共同開発に関する協定／大韓民国と日本国間の両国に隣接した大陸棚北部区域の境界画定に関する協定〕』一九七四年、ソウル、배문사。

(17) 조윤수〔趙胤修〕「『평화선』과 한일 어업 협상 : 이승만 정권기의 해양질서를 둘러싼 한일간의 마찰〔平和線と韓日漁業交渉 : 李承晩（イ・スンマン）政権期の海洋秩序をめぐる韓日間の摩擦〕」『일본연구논총〔日本研究論叢〕』二〇〇八年、第二八巻、二号、二二四頁。

(18) 日本外交文書、文書番号五二五「『海洋主權』に関する大韓民国大統領宣言」（一九五二年一月一八日）。

(19) 지철근〔池鐵根〕『평화선〔平和線〕』一九七九年、ソウル、汎友社、八四—八九頁。

(20) Policy of the United States with Respect to the Natural Resources of the Subsoil and Sea Bed of the Continental Shelf, United States Presidential Proclamation 2667, Sep/28, 1945.

(21) 国連海洋法条約第七六章四項及び八項参照。

(22) 国連海洋法条約第七七章参照。

(23) 日本外交文書、文書番号二〇二「日本国と大韓民国と間の漁業に関する協定」（一九六六年四月）。

(24) その主な内容は、以下の通りである。第一、漁業に関する水域に一二海里までは自国の排他的管轄権を行使できる : 第二、韓国の管轄水域の外の周辺に共同規制水域を設定して、この水域では主要漁業の漁船の規模、漁労時期、漁船数、漁獲量などが規制される : 第三、共同規制水域外延の一定水域に共同資源調査水域を設置する : 第四、韓日漁業共同委員会を設置して漁業資源の科学的調査と規制措置の勧告を実施する：第五に、韓国側は水産業協同組合中央会、日本側は、大日本水産会のなど両国の民間団体で韓日民間漁業協議会を設置して操業秩序の維持と事故処理に関する決定と実務を担当するということ。

(25) 조윤수〔趙胤修〕「한일어업협정과 해양경계 획정 50년〔韓日漁業協定と海洋境界画定50年〕」、『일본비평〔日本批評〕』二〇一五年、第一二冊、一〇八頁。

(26) 韓国外交文書「오업위원회 회의록：제1차 어업분과위원회 의사록〔漁業委員会会議録：第一次漁業分科委員会議事録〕」、723．1JA、본/어 1952．1―15차、84、정무과〔政務課〕」、一九五二年、C1-0001、1670―1986。

(27) 日本外交文書、文書番号六九六「漁業問題に関する日本側の立場」（一九六三年七月一九日）。

(28) ECAFE (Economic Commission of Asia and Far East). 1969, "Geological structure and some water characteristics of the East China Sea and the Yellow Sea." Technical Bulletin, Vol. 2.

(29) 韓国外交文書「한국해저개발 구역 내에서의 석유탐사 및 개발韓国海底開発区域内での石油探査および開発」：1970」763．91、3890、동북아주과〔東北亞州課〕1970、M-0017、04、0001-0191。

(30) 韓国外交文書「한일대륙붕 분쟁〔日韓大陸棚紛争〕」：1969」743．11JA、3268、동남아주과〔東南亞州課〕」、K-0007、01、0001-0036。

(31) 日本政府が国会の承認を難しく得たが、韓国政府との批准文書交換にはほとんど1年ほどの時間が費やされた。なぜなら、日本の現存の陸上鉱物資源の開発を主な目的とする鉱業法関連条項を共同開発協定において〝開発権者〟に適用することは法的な限界を持っていたため、これを補完するための特別措置法の制定に時間が必要だったからである。

（32）North Sea Continental Shelf Cases, 1969. ICJ Reports.

（33）신창훈［シン・チャンフン］「대한민국의 대륙붕선언의 기원과 1974년 한일대륙붕공동개발협정의 의의［大韓民国の大陸棚宣言の起源と一九七四年の韓日大陸棚共同開発協定の意義］」『서울국제법연구［ソウル国際法研究］』二〇〇六年、一三冊、二号、七三－七四頁。

（34）안도준코〔安藤純子〕「한일대륙붕협정의 교섭의 의의：공동이익 확보 시도［韓日大陸棚協定の交渉の意義：共同利益確保の試み］」『일본공간［日本空間］』二〇一五年、第一八冊。

（35）矢次一夫「海洋共同開發案」『新国策』一九七〇年、第三七巻、第二四号。

（36）韓国外交文書「한국 근해 대륙붕 개발에 대한 미국의 입장 및 각국 반응［韓国近海大陸棚開発に対する米国の立場および各国の反応］」：1973－75」、763．91、8747（1249）、경제협력과［経済協力課］／동북아2과［北東亜二課］／북미1과［北米一課］、1975、M－0036、11、0001－0188。

（37）国連海洋法条約第七七章参照。

（38）経済水域および大陸棚に関する法律一章二項参照。

（39）http://www.un.org/Depts/los/clcs_new/commission_submission.htm.（検索日：二〇一八年一一月二日）。

（40）현대송［ヒョン・デソン］「아베정권의 해양정책［安倍政権の海洋政策］」二〇一八年一二月一日、

国立外交院で開催された韓国国際政治学会年例学術会議発題文、日本の分科委員会、安倍政権の過去・現在・未来。

（41）Hazel et al. Fox. 1989. Joint Development of Offshore Oil and Gas, (London: British Institute of International & Comparative Law).

（42）David. M. Ong. 2013. "Implications of recent Southeast Asian state practice for the international law on offshore joint development." in Robert Beckman, et al. Beyond Territorial Disputes in the South China Sea: Legal Frameworks for the Joint Development of Hydrocarbon Resources, (UK: Edward Elgar Publishing), pp. 192-203.

（43）Ana E. Bastida, Adaeze Ifesi-Okoye, Salim Mahmud, James Ross, and Thomas Walde. 2007, "Cross-border unitization and joint development agreement: an international law perspective." Houston Journal of International Law, vol. 29, no.3, pp. 419-420.

（44）김현수［キム・ヒョンス］「한일간 동중국해 해양경계획정에 관한 일본주장의 대응 논리［韓日間の東シナ海海洋境界画定に関する日本の主張の対応論理］」『국제법학회 논총［国際法学会論叢］』二〇〇七年、第五二冊、一号。

（45）産業通産資源部「제2차 해저광물자원개발 기본계획［第二次、海底鉱物資源開発基本計画］」、二〇一四年、一九頁。

第七章　徴用問題の再照明
――韓日会談、文書公開と立法処理、大法院の判決とその後(1)

李元徳

はじめに

二〇一二年五月二四日、日本の最高裁に当たる韓国大法院は三菱重工業と新日本製鉄の韓国人被徴用者グループが提起した訴訟の最終判決で一九六五年の請求権協定にもかかわらず、被告企業はこの人たちの未払い賃金を払う義務があり、不法に行われた強制徴用に関する損害賠償の請求権が消滅していないとする判決を下した。このことによって、いわゆる日帝強制占領期（日本統治時代）の被徴用労働者の対日補償問題は完全に新しい事態の展開を迎えることになった。大法院のこのような判決による破棄差し戻し審の結果、二〇一三年七月、ソウル高裁及び釜山高裁で一人当たり一億ウォン（新日鉄住金）及び八〇〇〇万ウォン（三菱重工業）の賠償判決が下された。

しかしこれに対し、日本の企業が再上告したことで再び事件が法院に移管され、最終的な判決に移った。大法院では五年余りにわたってこの事件に関する判決を先延ばししてきたが、ついにこの事件を全員合意体方式で扱うと決定し、二〇一八年一〇月三〇日、大法院の全員合意体は遂に日本植民地時代の強制徴用被害者が新日鉄住金を相手にして提起した損害賠償請求訴訟で原告に一億ウォンの慰謝料賠償の支給という原審判決を確定した。この判決で裁判部は日本政府の韓半島（朝鮮半島）に対する不法な植民地支配及び侵略戦争の遂行と直結された日本企業の反人道的な不法行為を前提にする強制動員被害者の慰謝料請求権について日本企業は賠償を支給しなければならないと判示した。さらに、一一月二九日には三菱重工業は勤労挺身隊の被害者たちに慰謝料を一人当たり一億～一億五〇〇〇万ウォンを支給すべきだと判示した。

一言でいえば、不法な植民地支配の下で発生した反人道的な行為に対しては慰謝料、つまり賠償金を支払う義務があるとしたのである。この判決によって、長い間苦痛を甘受してきた徴用被害者たちに対する救済への道は開かれたが、国内政治と韓日関係には少なくない反響が予想され、今後の韓国政府はこの判決によって最終的に整理された解決策を出さなければならない課題を抱えることになった。

日本政府はこの判決に関して「請求権協定により完全かつ最終的に解決されたと確認した。ありえない判断である。国際法違反なので国際司法裁判所に提訴する」と激しく反発して非難の水位を高めた。これについて李洛淵総理は「司法府の判断を尊重し、大法院判決と関連事項を綿密に検討して対応策を設ける」と表明すると同時に「韓日の両国関係を未来志向的に発展させていくことを望む」と述べた。この判決以後、韓日関係の過去史問題で攻守が転換され、加害者と被害者の立場がまるで逆転したように錯覚するほどの様々な事件が起こっている。日本内の嫌韓感情が爆発して「防弾少年団」の日本番組への出演が急に取り消しになるなど、韓国に対する反感が高まる事態が頻繁に発生している。挙げ句の果てに日本政府は二〇一九年七月、徴用問題に対する輸出規制の強化及びホワイトリストからの除外など、電撃的な経済報復措置を取り、八月には韓国政府がこれに対する対抗の意味でGSOMIAの一方的な終了を宣言した。徴用問題に触発された葛藤が次第に経済・安保領域に拡大される様相を見せている。

ここでは、第一に大法院判決が招く外交的な反響をはじめとする対内外の懸念事項について検討した後、第二に請求権協定、外交文書の公開、民官委員会の決定及び立法措置などを中心にしてこの判決に至るまでの経緯を探ってみる。続いて第三にドイツの戦後補償政策の体系を日本のそれと比較論的な観点で把握し、強制徴用問題と最も類似すると思われるドイツの強制動員海外労働者に対する措置を見てみる。最後には強制徴用被害裁判の結果による望ましい解決策は何かを模索してみることにする。

一　徴用判決の反響及び事態の深刻性

大法院の判決以後、日本政府及び社会、世論の反発は荒くて険悪である。大法院の判決が韓国の一方的な「暴挙」であり、既存の韓日関係の一九六五年体制の否定だとして反発している。つまり、強制動員被害者問題は一九六五年の韓日請求権協定で全て解決したという立場を堅持しながら、韓国政府がこの判決について立場を整理して、韓国内の国内措置としてこの問題を解決すべきだという立場を示している。大法院で賠償義務を指摘した韓国内の投資企業である新日本製鉄、三菱重工業などに対して、日本政府は大法院が明示する賠償義務に応えないことを露骨に慫慂している。

第一に、当該企業に対する差し押さえ、強制執行措置がとられる場合、日本政府はＩＣＪなどの国際裁判に提訴の意向を表すと同時に日本内の韓国企業に対する財産凍結などの極端的な対抗措置がとられる可能性があることを警告している。日本政府はウィーン条約法の協約や韓日投資決定の違反を挙げて国際法上の国家責任を問い詰めたり、国際司法裁判所に提訴したりすることを具体的に検討している。基本的に国際法廷でこの問題が取り扱われる場合、大法院が下した判決と軌を異にする決定が出る可能性が大きいのではないかという恐れがある。

第二に、判決の結果、日本企業の韓国内財産について強制執行まで行われると、国際社会における韓国の位相墜落はもちろん、韓国がカントリーリスクの大きい国であると認識され、経済的に否定的な影響をもたらす可能性がある。そうなると、海外資本の投資誘致にも一定の部分は悪影響を及ぼす恐れがある。また、大法院の判決は条約の安定性を害して、国際協約に対する約束移行に関する不信を招き、韓国政府の一貫性のある公式的な立場についての混乱が増す恐れがある[2]。

第三に、現在の裁判所で係留中の一四件の類似訴訟の結果が大法院の判決通り、賠償額の規模が一億ウォン前後の金額で確定される場合、これから似た形の訴訟が相次いで提起される可能性が濃厚と予想される。日帝強制占領期時代、朝鮮人たちの強制労役と関連のある日本企業(一四九三社)中、現存する企業は二九九社でこの内、韓国に進出した企業約六〇余社を相手にした訴訟はもちろん、今後韓国進出を希望する企業は損害賠償訴訟を意識することになると見られる。

海外強制徴用・徴兵被害者のすべての遺族に損害賠償額が支給されなければならないとすれ

ば、総額は約二一兆ウォン（二一万人×一億ウォン）程度に及ぶと見られる。大法院判決による対日外交を追求すれば、韓国政府は日本に対してこの損害賠償を要求することが当然であるだけではなく、さらに日帝強制占領時期の総督府のすべての政策及び行為が不法なので、このあらゆる不法行為に対する賠償請求をするべきであるという法理に発展していく可能性があることに留意する必要がある。

強制徴用に対する賠償義務を規定した大法院判決は、すでに日本内の反韓・嫌韓感情を呼び起こす要素になっている。徴用者問題と慰安婦問題は本質的にはその性格が違うにもかかわらず、日本ではいわゆる謝罪疲労現象と結びつけて徴用者問題と慰安婦問題を一つのパッケージと認識する傾向が現れている。周期的に反復される韓国の過去史に対する対日謝罪補償要求に関する一種の嫌悪あるいは嫌気現象が日本社会に公然と流布されているのである。それに日本国内では、韓国司法府が反日感情を持つ大衆や市民団体と迎合して絶えず対日過去史の争点を拡大・再生産しているとみる否定的な見解も存在する。なお、日本社会の一部では憲法裁判所の慰安婦問題に対する違憲判決などを挙げて、韓国司法府の反日的な判決を疑う雰囲気が形成されている。

さらに憂慮されることは、過去史問題で韓国が維持した道徳的な優位に立つ対日外交スタンスが徴用者の賠償問題によって揺れる可能性があるということである。経済的要求ではなく、精神的な次元の歴史清算を要求してきた既存の対日外交方針とも矛盾すると受け止められることが憂慮される。金泳三政権、金大中政権当時、慰安婦被害者たちについて被害者救済措置の次元で韓国政府が自ら一時金及び生活支援金を支払ったことや、二〇〇五年の盧武鉉政権当時の民官共同委員会で下した結論とそれによる強制動員被害者に対する救済のための後続立法及び支援金の支給措置は、基本的には道徳的な優位に立つ対日外交を追求し、日本にこれ以上の物質的な要求は自制するという姿勢から出た決定だと言える。

二〇〇五年「韓日会談文書公開後続対策民官共同委員会」の決定によって政府は、慰安婦被害者・サハリン被害者・原爆被害者問題に関しては日本に法的な責任を追及して徴用者補償、未払い賃金などの問題は国内措置によって責任を追求するという方針を明らかにしたことがある。強制徴用被害者に対する韓国政府の救済措置は二度にわたって行われた。最初は一九七四年に「対日民間請求権補償に関する法律」を制定して請求権資金の一部（無償資金三億ドルの一〇%内外と推定）を死亡者に限って支給したことがある。この当時、軍人・軍属・労務者として死亡した八五五二人に対して一人当たり三〇万ウォンずつ、総額二五億六五六〇万ウォンを支払った。その次は二〇〇五年の民官共同委員会の決定によって、政府は二〇〇七年（二〇一〇年改定）「太平洋戦争前後の国外強制犠牲者支援法」を制定して、この法律によって徴用被害者のうち、死亡者と負傷者を中心にそれぞれ最大二〇〇〇万ウォンの支援金を支払ったことがあり、この支援金の総額は合計六二〇〇億ウォンに及ぶ。もし、政府が既存の方針を変更する場合、既存の過去史対日政策の枠と矛盾を起こし、一貫性の不在、対日外交での信頼消失などの問題を引き起こす可能性があることに留意すべきである。また、強制徴用者に対する賠償問題は、韓国現代史で発生した違う類型の被害者グループに対する国家の救済措置との衡平性問題を呼び起こすという点も留意すべきである。

例えば、強制徴用の場合、日帝植民地の下という特殊な状況なので、ケースは違うが、国家暴力の犠牲者グループという関係性の側面から見ると「済州島四・三事件」の被害者グループ、「四・一九学生革命」の犠牲者グループ、七〇年代の「反維新民主化闘争」の犠牲者グループ、「五・一八光州民主抗争」の犠牲者グループなどとの比較観点からも眺めることができる。二〇〇七年の太平洋戦争強制動員被害者支援法案が国会に想定された時、盧武鉉政権は極めて大きい財政負担と他の過去史関連の被害者との衡平性を理由に拒否権行使の可否を深刻に検討した。当時の政府は、この法律によって二〇〇〇億余ウォンの財政負担を予想して（実際には六二〇〇億ウォン所要）、一月に一〇余万ウォンを受給する六・二五（朝鮮戦争）参戦有功者との衡平性問題が生じることを憂慮したことが知られている。

二　大法院判決に至るまでの歴史的経緯

まず、韓国政府が取ってきた従来の対日過去史政策と大法院判決との関係を考慮してみることにする。一九六五年、朴正熙政権が取った一九六五年の請求権協定に対する既存の解釈及び二〇〇五年の盧武鉉政権の下で行われた民官共同委員会の立場整理は、部分的な相違点があるにもかかわらず、大きい枠で見ると相容れないところがあまりないと言える。民官共同委員会の最終結論を導き出すために盧武鉉政権は、当時李海瓚総理と李容勳大法院長（後に任命）を共同委員長として各省庁の長官及び専門家二〇人で行われる委員会を構成して、緻密な検討と討論を経て結論を導出した。当時ほとんどすべてのマスコミはこのような結論について肯定的な評価を下した。

二〇一一年、憲法裁判所の慰安婦問題に対する不作為の違憲判決は、基本的に二〇〇五年の民官共同委員会の立場であるということができる。つまり、民官共同委員会は日本軍慰安婦問題、韓国人原爆被害者問題及びサハリン朝鮮人同胞問題は日本に法的な責任があり、その他残りの事案は韓日協定によって解決されたとみなし、不十分な部分は国内措置を通して補完するという結論を出したと理解できる。

しかし、徴用者問題に対する大法院の判決は画期的な内容で、既存の対日過去史政策の大きな枠を正面から否定し、新しいフレームを提示したとみられる。大法院判決の基本趣旨は、第一に日本の三五年間の朝鮮植民統治自体が不法であり、植民地統治時期の朝鮮総督府の下で行われた反人道的な行為、不法な施策による被害は当然賠償を受けるべきであり、第二に請求権協定によって解決されたのはサンフランシスコ講和条約の規定による財産と権利の問題であり、国家及び個人の対日賠償補償請求権はまだ消滅していないということである。

一方、このような大法院の植民統治の不法論は一九六五年の朴正煕政権以来、韓国政府の基本的立場と合致することでもある。韓日基本条約で韓国併合条約など、韓国の植民統治を招いた一連の旧条約が「もはや無効（already null and void）」と合意したが、この文言に対して韓日両国は完全に相違する解釈を行っている。日本政府は、植民統治は合法で行われたが、日帝の敗亡で韓国が独立し、その後、旧条約が初めて無効になったという立場をとる。しかし、韓国政府の基本的な立場は旧条約が源泉的に武力と強迫によって不法に締結されたので、旧条約によって行われた三五年間の植民地支配は基本的に不法だということである。

植民統治不法論は解放後、憲法精神及び脱植民国家の国家アイデンティティーの確立過程を考える時、植民地から解放された新生の独立国家が当然取るしかない絶対命題と理解されることができる。しかし、実質的に今日の国際社会でこのような原則を外交的な次元で一〇〇%貫徹することは極めて困難だということも現実であるという点を認識しなければならない。したがって、我々は大法院判決の精神を尊重しながら（法治主義）、既存政府の対日過去史外交の大きな枠を堅持する（現実主義）線で知恵を集めて解決策を追求するべきである。

顧みると一連の強制徴用訴訟事態の根本的な原因提供者が日本側であることは否定できない。請求権協定第一条で「無償三億、有償二億ドルを提供」し、第二条では「締約国及び国民の財産権利利益及び請求権が完全かつ最終的に解決されたことを確認」しただけで、日本政府は第一条と第二条の論理的な関係に対してまともな説明ができなかった。つまり、資金提供に伴う結果として請求権問題が解決されたとしたが、その資金の性格に関しては一九六五年の批准国会でも独立祝賀金及び経済協力としか説明していなかった。一方、逆説的に韓国政府はその資金が植民地支配の下で私たち国民に与えた被害と苦痛に対する補償、賠償に他ならないと力説してきた。

一九九一年、日本の参議院で柳井俊二外務省条約局長は韓日請求権協定で請求権問題は最終的かつ完全に解決されたが、これは両国が外交保護権を相互放棄したということで、個人請求権が消滅していないという公式立場を明かしたことがある。この立場表明以後、韓国人強制徴用被害者たちは日本政府と企業を相手に損害賠償、未払い賃金、謝罪、遺骨奉還などを請求し始めた。しかし、日本政府のこのような立場にもかかわらず、実際に日本の裁判ではほぼすべての強制徴用被害者関連訴訟が敗訴または棄却された。一九九八年の慰安婦及び勤労挺身隊被害者の下関地方裁判所の一審判決（いわゆる関釜裁判）で、一部勝訴したことを除けば、日本の裁判所は関連裁判で「個人請求権は消滅したと言えないが、被害者が裁判を請求する権能は消失した」という判決を下している。極めて曖昧で奇妙な判決だと言わざるを得ない。

日本政府がそもそも、このように国家の外交保護権と被害者個人の請求権を分離する（多少無理な）法理を主張するようになった背景には、日本人のシベリア抑留被害者及び原爆被害者問題が存在する。つまり、日本政府は国際協約にもかかわらず、日本人被害者の個人が旧ソ連、米国など、国家について損害賠償を請求する権利まで消滅していないという回避的な論理を駆使したわけで、この論理が韓国人被害者たちにもそのまま適用されたのである。

先にはっきりしておきたいのは、三五年の日本の植民地支配の歴史を根本的に不法なものと見る大法院の立場は、大韓民国憲法と韓国政府が一貫して取ってきた基本的立場と全然矛盾がなく、法理的にも妥当であるという点である。大韓民国憲法は日帝三五年間の日帝強制占領時支配が不法なものであると解釈しているし、一九六五年の韓日基本条約の第二条で日本の一九一〇年、朝鮮併呑に至る一連の旧条約が「もはや無効」だと規定していることを政府は旧条約が強迫によって締結されたもので源泉無効だという立場を一貫して堅持してきた。したがって、大法院の判決はこのような既存の政府の立場と完全に合致するということができる。

ただ、植民地支配不法性による賠償義務判決は韓国政府が堅持してきた既存の対日外交政策路線と合わないという点で、大法院判決による政府の新しい立場の整理が緊急課題として浮上した。韓国政府は一九六五年の請求権協定によって日本から提供された無償三億ドル、有償二億ドルの資金及び三億ドル以上の商業借款によって対日財産請求権問題がすべて解決したという立場を取ってきた。一九六五年に両国政府が締結した請求権協定に対する合意議事録においても、協定第一条でいう請求権問題には韓国の対日請求要綱の範囲に属するすべての請求が含まれていて、したがってどのような主張もできなくなることを確認した。

このような韓国政府の立場は、二〇〇五年、政府の韓日会談と関連する外交文書の全面公開によって再び試験台に上った。つまり、太平洋戦争の被害者たちは自分たちの権利が韓日会談の時、きちんと扱われたのかを確かめるために外交文書の公開を要求する訴訟を提起した。この裁判で敗訴した政府は外交文書の全面公開を電撃的に決定した。この文書の検討結果は、韓日会談の文書公開の後続対策の民官共同委員会が公表した。盧武鉉政権の下で行われた同委員会の検討は、李海瓚国務総理の主宰で行われ、ここには文在寅大統領も青瓦台民政首席として参加した。

二〇〇五年八月二六日、民官共同委員会は、「日本軍慰安婦、サハリン同胞、原爆被害者問題など、国家権力が関与した反人道的な不法行為については請求権協定によって解決されたということができない。しかし、日本からの無償三億ドルは個人財産権、朝鮮総督府の対日債権など、韓国政府が国家として受け取る請求権、強制動員の被害補償問題を解決する性格の資金などが包括的に考慮されたというべきだと解釈することによって、強制徴用補償問題は、この協定で事実上、解決したと結論づけた。

このような民官共同委員会の結論によって、政府は二〇〇七年と二〇一〇年に強制動員被害者支援法を制定して国務総理室傘下に「対日抗争期強制動員被害調査及び国外強制動員犠牲者支援委員会」を設けて被害者たちに対する支給措置を取った。同委員会は、強制徴用被害者から全部一一万二千件の支援金の申し込みを受けて、そのうち、七万二千件に合計六二〇〇億ウォンの金額を支払った。死亡者、負傷者には最高二〇〇〇万ウォンを支給した。生還被害者には年間八〇万ウォンまでの医療費を支給した。先述の通り、これより先立って一九七四年には政府が「対日民間請求権補償に関する法律」を制定して請求権資金の一部（無償資金三億ドルの一〇％内外だと推定）を強制動員死亡者に限って支給したことがある。当時の軍人・軍属・労務者として死亡した八五五二人に対して一人当たり三〇万ウォンずつ、総額二五億六五六〇ウォンを支給した。

三　ドイツの事例検討──戦後補償政策と国外強制動員被害者の対処

第二次世界大戦後、ドイツの戦後処理過程を日本と比較[3]する時、最も根本的な違いは日本が講和条約の締結を通じて戦後賠償措置を取ったのに対し、ドイツの場合、講和条約自体を締結していなかったという点である。ドイツと連合国が対独講和条約の締結を先延ばしにした背景として、東西ドイツの分断状況と戦後、急速に行われたヨーロッパでの東西冷戦の展開という特殊な状況が存在したことを指摘すべきである。一九九〇年、ドイツの統一が行われて表面的には対独講和条約を先延ばしにしてきた理由が解消されたにもかかわらず、依然として統一ドイツと連合国の間に講和条約の締結が行われていないことは非常に興味深いことである。[4]日本の場合、前述した通り、戦争を法的に終結して戦後処理問題を一括的に規定したサンフランシスコ講和条約が締結され、すべての賠償問題がこの講和条約に即して処理されることになった。

日本とドイツは共に歴史の中で行われた加害責任に対する処理という課題に直面していたが、日本が問題視したのが戦争そのものであったのに対し、ドイツは戦争行為よりはナチズム体制を問題の焦点としたと言える。[5]つまりドイツは、侵略戦争が引き起こした被害者たちに対することを、自らの戦後処理の核心課題として受け入れた。ドイツの場合、戦後補償とはだいたい「ナチズム体制が犯した反人倫的な迫害行為によって発生した被害を補償するより、ナチズム迫害の犠牲者に対する補償（ドイツ語で Wiedergutmachung）」という概念で理解される[6]ことが一般的である。これとは対照的に、日本は被害者への補償を全面的に無視して戦後処理問題をひたすら国家間賠償という観点から見てきた。つまり、日本にとっての戦後処理問題とはただ普通の戦争で敗戦国が戦勝国に支払うべき一般的な意味の賠償に過ぎなかった。ドイツが戦争をナチズムと関連付けて否定・不法・犯罪性という角度から見たのに反して、日本はこのような認識が全面的に欠如していた[7]。

このように戦争及び戦後処理に対する認識でドイツと日本の決定的な差異がもたらされた背景には、二つの側面が指摘できる。第一にドイツの場合、ニュルンベルク戦犯裁判では戦争責任を問う「平和に対する罪」以外にも、「人道に対する罪」という部分が審判の焦点になった。つまり、ニュルンベルク裁判では単に戦争を起こした首謀者に対する処罰を超えてホロコーストをはじめとするナチの一連の反人倫的行為が裁判を通じて処断されるという概念が導入された。しかし、日本の東京裁判では、「人道に対する罪」という罪目は適用されず、ひたすら追及の対象になったのは「平和に対する罪＝開戦責任」であった。つまり、侵略戦争のための共同計画ないし謀議への参加が東京裁判のおもな追及対象であった。東京裁判の被告二八人中一七人が軍人であるのに対して、ニュルンベルク裁判では一七七人中一三人が軍指導者だったという事実は、二つの裁判の主眼点が異なっていたことを雄弁に物語る。[8] つまりドイツの場合、反人倫的な行為を犯したナチ集団を膺懲しようとしたのに対して、日本の場合は単に侵略戦争を起こした指導者に対する責任を追及したのである。

第二に、圧倒的な力でドイツと日本を屈服させ、戦後占領統治を施行した米国は、両国について相違なる認識と態度を持っていたという点が指摘できる。当初から米国はドイツについては補償と賠償を同時に進めていこうと考えたが、日本に対しては賠償だけを念頭に置いていた。ユダヤ人亡命者を積極的に受容した米国の立場から見ると、ドイツの戦争は反人倫的な行為が恣行された犯罪的な戦争だったのに対して、日本の戦争は単にアジア太平洋で勢力の競り合いの脈略で行われた侵略戦争に過ぎないものであり、真珠湾侵攻によってはじめて米国が参戦した戦争であった。

このような米国の認識の差は戦後、両国に対する占領統治の差としても現れた。四大国の統治下に置かれたドイツでは連合国が直接軍政の実施を通じて過去のナチ体制との完全な断絶が行われた。占領当局はナチ体制と闘争した反ナチ・非ナチドイツ人たちを起用して将来新しく生まれるドイツの指導者として育てた。反面、米国によって単独占領された日本では間接統治方式が導入された。この過程で天皇制をはじめとする戦前体制の政治的な遺産が相当部分そのまま温存された。東京裁判にもかかわらず、戦前の多くの指導者たちが戦後政治の舞台で再登場し、過去との連続線上で活躍できたことはこのような米国の対日政策の産物だといえる。米国にとってナチ体制は反人倫的な犯罪集団だったのに対し、日本の戦前体制は単に侵略戦争を起こした開戦者集団に過ぎなかった。米国が追求した占領政策の焦点がドイツでは非ナチ化だったのに対し、日本では非軍事化だったということは非常に象徴的な意味を持つ。

日本の賠償政策は基本的に国家を対象とする賠償方法を取ったので、戦争によって莫大な被害と損失を被った被害者個人に対する補償が徹底的に排除されたという限界を持つ。日本政府はサンフランシスコ講和条約と続く二国間の個別賠償協定を通じて国家を相手にする賠償及び請求権を支払っただけで、被害者個人を対象とする補償には一切対応しないという原則を堅持してきた。日本政府のこの原則に挫折を味わった数多くのアジアの戦争被害犠牲者たちは、日本政府を相手にする訴訟を持続的に提起してきた。

ドイツが戦後補償額で一九九三年一月現在、連邦補償法・連邦返済法などによって支払った総額は合計九〇四億九三〇〇万マルクであり、二〇三〇年まで追加的に支払う金額を合わせると合計一二二二億六五〇〇万マルクに及ぶ。一九九三年の為替基準（一マルク＝六五円）で円に換算すれば、一九九三年一月までの支払い総額は五兆八八二〇億四五〇〇万円であり、最終的に支払われる総額基準では約七兆九四七二億二五〇〇万円に及ぶ。これに対し、日本は韓国に対して有償・無償の五億ドル、ベトナム、インドネシア、マレーシア、ラオス、シンガポール、フィリピン、ミャンマー、インドなどに対する賠償を全部合わせても総額六五六五億円であり、接収された海外財産の約三五〇〇億円の放棄及びサンフランシスコ講和条約締結の前に支払った中間賠償の約一億六〇〇〇万円を足しても一兆円程度に過ぎない。これはドイツの約一／七に過ぎない額である。[9]

さらに特記すべきもう一つのことは、ドイツの補償が全額現金で支払われたのに対して、日本の賠償及び請求権資金は全て役務と資本財、もしくは中間財を支払ういわゆる経済協力方式で支払われたという点である。日本の戦後賠償支払いが基本的に日本経済の対外拡張政策と緊密に連携して行われたことは極めて特徴的な要素であるといえる。東アジア国家に支払われた日本の賠償資金は日本企業の対アジア進出を促す役割を遂行した。東アジア地域の対日経済依存はこの賠償外交を通じて深化したといっても過言ではない。

日本は戦後賠償及び請求権支払いを過去に自分たちが起こした不当な侵略と支配に対する懺悔と反省の意味で実施したという認識をほぼ持っていなかった。それよりもむしろ、賠償及び請求権支払いを、日本が恩恵を施す次元でアジアの低開発国家に対して経済協力や援助の意味で提供したと思う傾向が一般的である。つまり、日本の賠償は懲罰と復旧のための物質的供与行為であるというより、アジア各国の開発のための経済援助提供の意味で認識される傾向が濃厚だった[10]。

ドイツの場合、ナチのユダヤ人犠牲者に対する問題は連邦補償法をはじめとする諸般措置を通じて補償措置が包括的に行われた。しかし、第二次世界大戦中にドイツへ連行されて強制労働に従事することになった約九五〇万人に至る労働者に対する問題は未解決課題として残されていた。とくにこの中で大半を占めているのはポーランドの労働者たちであった。これに対する問題提起は八〇年代後半からドイツ内でも強調されていた。ドイツ連邦政府は、一九八六年の報告書で強制労働は「戦争と占領支配の一般的な随伴現象」として国家賠償の問題に属する。したがって、この問題はロンドン債務協定によって最終的な賠償問題の規定に至るまで留保されているので、請求権がドイツ国家、ドイツ各州についてのみならず、私的企業に関してもまだ確定されていない状態に置かれていた。そのため、西ドイツ政府も補償はドイツが従来行ってきたナチスの不法に対する補償の枠だけで可能だと説明してきた。

しかし、このような政府の態度について新しい是正措置として一九八九年六月、緑の党は「ナチスの強制労働に対する補償のための連邦財団」を設ける法律案を提出し（九月には社民党も同趣旨の法案を提出）、同時にポーランドとの間に「ナチス支配下でのポーランド人強制労働者に個人的補償を行うための包括協定」の締結を提案した。ポーランドとの協定締結に関することの提案は「ナチスの不法に対する補償」として強制労働者にも補償を行うべきであり、そもそもロンドン債務協定の署名国ではないポーランドに協定の効力を主張する政府の解釈は間違いだという点を指摘した。

結局、この問題に関する解決策は、ドイツの統一後、急速な進展を見せた。つまり、一九九一年、ついに統一ドイツ政府とポーランド政府はナチスの犠牲者と強制労働者に対する補償を行うためにポーランドに「和解基金」を創設して五億マルクを提供することで合意した。つまり、法律上では賠償放棄措置で形式的な解決策が設けられたが、ドイツ政府は超法規的な救済措置を取る形で解決を追求した。この和解基金は、旧ソ連のロシア、ベラルーシ、ウクライナとの間に「理解と和解基金」及びチェコとの間には「未来基金」を設立することで解決が模索された。

このような状況は何年か経過した後、より大きな進展をみせた。一九九八年の連邦議会選挙の結果、社民党と緑の党によるシュレーダー連立内閣が成立し、強制連行労働者に対する国家と企業による補償基金の設立が実現した。ついに二〇〇〇年七月には「補償基金」設立法が制定され、強制労働者に対する補償の開始が行われるようになった。以後、「未来記憶責任財団」と命名された補償基金は、企業と政府がそれぞれ五〇億マルクずつを拠出して合計一〇〇億マルク規模に造成されて、強制労働者に対する補償の給付が実施されることになった。結局、この基金で労働者一人当たりに最高一五〇〇〇マルクの補償が実施された[11]。

もちろん、補償基金に問題がないわけではない。まず、補償対象が生存者に限られたという点は大きな限界だと指摘することができる。また、補償の申請には証拠提出が要求されていて、補償申請が断念された場合も少なくなかった。それにもかかわらず、国家であれ、企業であれ、被害者側であれ、この時期を逃したら、今後の補償措置が期待できないという危機感から妥協が試みられたのである。国家と企業は経済的負担を認識していたにもかかわらず、世論が支持するということを考慮して補償に乗り出した。これは歴史に対する政治的、道義的な責任がドイツという国家と社会の共通認識だということを世界に向けて見せたことに最大の意義があるといえる。

この補償基金の意義は、ドイツの過去克服の歩みを予想する上で、次の三つの側面から評価される。第一に、今まで単に戦争被害者として認識されてきた労働者たちがはじめてナチの不法被害者として認識され、ナチの下のすべての強制連行労働者たちが補償を受けることになったということである。第二に、ドイツがこの補償基金の設立に乗り出すことで、米国は米国内のドイツ企業に対してこれ以上補償のための集団訴訟を起こさないように影響力を行使すると約束した。第三に、基金の設立に至る政府と企業の決定は極めて現実的な状況認識と合理的な判断が作用したという点である。つまり、問題解決が遅れる場合、ドイツ企業が東ヨーロッパ及び米国の巨大市場で経済的損失を被るかもしれないという危機意識がこのような現実的な判断を可能にしたという点を指摘すべきである。[12]

おわりに――どう解決するか

韓日関係が国交正常化以来、最悪な関係に走っている。徴用裁判に対する対抗的措置として安倍晋三政権は二〇一九年七月四日、半導体・ディスプレー製作の核心素材として使われる三つの品目について「輸出規制強化」措置を取ったのに続いて、八月二日には貿易優待対象国である「ホワイトリスト国家」から韓国を外すことで一一〇〇余種の品目に対する輸出規制を行われると発表した。厳密に言うと「禁輸措置」ではないが、日本政府が対韓国輸出品目と数量を統制する実権を握るということである。水道の蛇口を握って必要に応じて対韓国輸出のアイテムと数量を政府の意図によって調節できるという話である。

安倍政権は経済報復という用語は口を極めて回避しながら「信頼関係の毀損」を理由に輸出規制を強化するとしている。また、戦略物資の第三国輸出など、韓国政府の不適切な交易管理の問題を指摘して報復的な措置の正当性を強弁している。しかしこれは一言でいえば、牽強付会になるだけで、根拠が希薄な日本側の詭弁に過ぎない。日本政府は、GATT二一条で許容した安全保障関連事案を踏まえた正当な措置であると主張している。しかし歴史、外交的な問題を理由に日本が経済報復に出たことは日本外交七〇年史においても空前絶後のことで卑劣かつ非道的な挙動である。日本政府が金科玉条のように守ってきた政経分離の規範にも逸脱したといえる。

今回の報復は「韓日慰安婦合意」によって構成された「和解治癒財団」の一方的な解散措置と大法院徴用裁判に対する日本側の不満と反発がその始まりになったと見なければならない。もっと厳密に言うと、徴用裁判結果に対する韓国政府の「無対策」について、安倍の怒りの爆発が韓国経済を正照準した緻密な報復につながった結果として解釈することができる。文在寅大統領も国務会議で徴用裁判に対する反発として日本の報復的措置が施行されていると明言したことがある。

安倍と首相官邸の側近たちが起こした挑発について日本内部の産業界も異見を出さないではいるが、自国経済に及ぶ損失を懸念する気色が明らかである。日本の主流マスコミも批判的な論調を繰り広げていることに注目する必要がある。六社の全国紙の中、読売新聞と産経新聞を除く朝日新聞、毎日新聞、日本経済新聞、東京新聞が安倍内閣の報復的措置が適切ではないと批判した。自由貿易秩序の最大受益者である日本の未来を心配する日本の識者層も「自由公正貿易」の旗幟を掲げている戦後日本の基本路線と矛盾した今回の報復に対しては厳しい視線を送っている。ただ、安倍一強体制下に置かれている日本の国内政治状況を考えると、短期的に報復が撤回されることは容易ではないという見通しである。

我々は今回の事態に対してどう対応すべきであろうか。報復を撤回させるには報復による被害と損失を最小にするための方策も当然に講じられるべきだが、報復の原因提供者であり始発点に対する根本的な対策作りに力を集中することが重要である。日本の報復措置にもかかわらず国際経済体制が一気に重商主義的な秩序で移行するものではないので、私たちの産業を国産化の方向に転換するべきであるという論理はあまり性急で不適切な処方である。グローバル的バリュー・チェーンと製造業の国際分業体制が今も作動している経済秩序を念頭に置いた資源の効率的な配分がまだ重要だということである。

事態をもっと詳しく見てみると、日本に報復の手がかりをつかまれたことは、徴用裁判の結果に対する処理方法が遅すぎたし、物足りなかったことにある。したがって、徴用問題に対する答えを見つけることこそ経済報復に対する正攻法であり、最も効果的な対応策になる。

大法院の判決を尊重するという立場で、また、大法院裁判がただ民事的性格の裁判なので政府は介入できないという形式論理を立てて、韓国内の日本投資企業に対する強制執行が続々進行されている昨今の事態をこのまま放置しておくと、韓日関係は実に最悪の衝突に走ることになる。韓日両国が強対強の構図でぶつかり、経済戦争を行う場合、両国に莫大な被害と損失を招くことは火を見るよりも明らかである。ただし、その被害は非対称的な形で発生することになる。現在、韓日間の高付加価値産業に必須的な部品・素材・装備などの源泉技術の格差がまだ大きいことが厳しい現実である。

筆者は日本の報復を招いた徴用裁判結果を処理するには次のような三つの方法があると思う。解決に到達するための過程の難易度の側面から見ると、第一案が最も難しく、第二案がその次、第三案は相対的に難しくない選択だと思われる。

第一案は六月一九日、外交部が提案した韓国企業＋日本企業の出捐方式による慰謝料支給方式に韓国政府の役割を加えて二＋一体制を作り、より完成度の高い解決方案を提示して日本と話し合うことである。この場合、被害者グループと韓国内出捐企業との事前協議は必須である。基金や財団の形で解決するには被害者の規模と賠償額がある程度見極められなければならない。このような一連の険しい過程を進めるには韓国政府の中心的な役割が非常に重要である。徴用問題と関連したすべての利害集団との総合的な調律がきちんと行われなかった場合、この方法は砂上の楼閣になるおそれがあるという点が最大の難点である。言い換えれば、この方法が不完全燃焼で終わらないためには徹底した工夫と共に緻密な調律が必要である。この方式で問題解決を図るためには「日帝強制動員被害者支援財団」が中心になって浦項製鉄、道路公社、水資源公社など、一九六五年当時、請求権資金の恩恵を受けた企業を中心に資金出捐を受けて対処できるよう、政府が主導的な役割を遂行しなければならない。同時に被害者救済の中心的な役割を遂行する同財団の活動に新日鉄住金など、いわゆる日本の関連企業たちが自発的で能動的に参加して資金を出捐できるように機会を与えることが望ましい。

第二案は徴用問題の司法的な解決を図ることである。つまり、国際司法裁判所（ＩＣＪ）に韓日が共同提訴することも方策である。韓国内の日本企業の資産に対する強制執行が差し押さえ段階で売却―現金化過程まで進めれば、国際司法裁判所に行くことが避けられなくなる可能性が濃厚である。いずれにしても韓日の最高司法機関は相違なる判断を下した。この事件を日本の裁判所に提訴すれば百戦百敗であり、反対に韓国法院に提訴すれば百戦百勝である。果たして、誰が請求権協定に関する妥当な解釈をしているか国際司法裁判所の判断に任せることでこの事件について終止符を打つことも悪くはない。この方法の最大のメリットは現在裁判所で進行中の強制執行の手続きを保留して事実上、日本の報復を撤回させることができる効果が期待できるところにある。ＩＣＪに共同提訴すると両国が合意すれば、最終的な結論が出るまでには少なくとも三～四年の時間が所要されると推定される。被害者の救済可否及び方法に焦点を当ててＩＣＪの判決を受けることこそ合理的な解答になりうる。両国の最高裁判所は徴用被害者の救済という同一の事案に関して完全に異なる解決策を提示している。この法理解釈上の衝突状況が招いた紛争を国際的に公信力のある国連の傘下機関のＩＣＪに任せて第三者的な判断を仰ぐということである。

もし、徴用問題がＩＣＪに回されたら、おそらくその最終結果は部分勝訴、部分敗訴という結論になると思われる。国家間合意で被害者個人の権利を消滅させるのは難しいということが確立された法理であるという点を考えると、韓国側が完敗する可能性はあまりなさそうである。最後の結論が出る前に両国が和解する可能性ももちろん存在する。ＩＣＪに回す司法的な解決を図る場合、逆説的に協商の可能性が開かれるかもしれない。

第三案は韓国政府が植民地支配の不法性を再確認すると同時に日本には謝罪、反省の姿勢を促すが、物質的な次元の対日賠償要求の放棄を宣言することである。過去史と関連する一切の金銭的な要求を放棄して被害者の救済は国内的に処理するという方針を明らかにすることで、道徳的な優位に立った対日外交をするということである。この方式は中国の対日戦後処理外交方式でもある。また、一九九三年、金泳三大統領が慰安婦問題に対する対日外交方針として宣言したものでもある。つまり、真相究明と謝罪反省、後世に対する教育の責任を日本側に要求し、被害者に対する金銭的な補償は韓国政府が自ら行うという方針である。これは韓日関係の局面を劇的に転換させて両国民がウィンウィンできる解決策になりうる。

日本の徴用企業が被害者に賠償的性格の慰謝料の支給を命じた大法院の判決にもかかわらず、大統領は外交問題に関する最高統治権者としての決定を下すことができるように韓国憲法は許容していると筆者は解釈している。もちろん、このような政治的な決断を下すためには被害者たちとの事前意見調律と与野党をはじめとする国民との合意確保過程は必須的に要求される。このような政治決断を下すことになれば、日帝強制占領時期下被害者の国内救済のための特別法制定が伴わなければならない。

【注】

(1) 本章は、동북아시아역사재단 한일역사문제연구소 편〔東北亜歴史財団韓日歴史問題研究所編〕『한일협정과 한일관계 - 1965년 체제는 극복 가능한가?〔韓日協定と韓日関係—一九六五年体制は克服可能か?〕』東北亜歴史財団、二〇一九年で公表したものを本書の形式に合わせて編集したものである。

(2) 朴培根「日帝強制徴用被害者の法的救済に関する国際法的争点と今後の展望:二〇一二年の大法院判決を中心に」『法学論叢』第三〇集第三号、李根管「韓日請求権協定上の強制徴用の賠償請求権処理に関する国際法的な検討」ソウル大学法学研究所主催「日帝強制徴用事件の大法院判決に関する総合的な研究」の発表論文。

(3) ここでは、日本とドイツの戦後処理の比較を中心課題と設定している。日本・ドイツと共に同盟国の一員だったイタリアの戦後処理も比較の対象になりうるが、これは今後の課題とする。

イタリアの戦後処理問題に関する研究としては石田憲「敗戦と憲法（一）、（二）」『千葉大学法学論集』第一九巻、第二号二〇〇四年）を参照。

（4）一九五三年に西ドイツが西欧諸国と締結したロンドン債務協定で賠償問題の最終規定は平和条約の締結まで待つという合意が行われた。一九九〇年、ドイツが再統一された後にも平和条約は締結されないままだったが、その代わりに東西ドイツと旧占領国四ヵ国の間に二＋四条約が締結された。米英仏ソの旧占領四カ国の中、英米仏は西ドイツから、そしてソ連は東ドイツから賠償措置が終了したと認識されたため、ドイツとこれらの国家との間には賠償問題は新しい問題として提起されなかった。

（5）佐藤健生「日本の戦後補償問題への提言」（船橋洋一編『いま、歴史問題にどう取り組むか』岩波書店、二〇〇一年、五七頁、廣渡清吾「ドイツにおける戦後責任と戦後補償」（粟屋憲太郎、田中宏、三島憲一、廣渡清吾、望田幸男、山田定『戰爭責任・戦後責任：日本とドイツはどう違うか』朝日新聞出版、一九九四年、一八〇～一九四頁）。

（6）ナチ迫害被害者補償とは区別される戦後補償として戦争自体に起因する一般国民の被害を補償する制度も存在する。たとえば、一般戦争結果法と戦争遺族補償、戦争捕虜補償などがそれである。この国民に対する一般的な戦争被害補償は国民の生活再建のための社会保障的な性格を持つといえるが、このことについて西ドイツは一九八〇年代末までに約一〇〇〇億マルクを支出した。

（7）佐藤健生前掲論文、九一～九九頁。

（8）同前、八九頁。

（9）内田雅敏『戦後補償を考える』講談社、一九九四年、一一九–一二二頁、田中宏「日本の戦後補償と歴史認識」（前掲『戦争責任・戦後責任：日本とドイツはどう違うか』）、五二～五四頁。ここで田中宏は日本の戦後賠償関連の対外支払い額が総額で一兆円程度であるのに対し、日本人戦争犠牲者援護などに使われた対内支払額が現在三三兆円に及ぶと主張しながら、日本の戦後賠償外交の問題点を批判している。

（10）外務省賠償部監修、賠償問題研究会編『日本の賠償』世界ジャーナル社、一九六三年、二二～二三頁。

（11）もちろん、ドイツで全ての関連企業がこの企業の拠出に積極的に出たのではない。対象になった企業二二万中の六四九七社が賛成して全体の約三％に該当する企業が参加したが、国家と企業が共同で基金造成に参加したということは歴史的な意義を持つと評価できる。佐藤健生前掲論文、六六–六七頁、参照。

（12）石田勇治『過去の克服：ヒトラー後のドイツ』白水社、二〇〇二年、二九二～二九五頁。

〔編著者略歴〕

吉澤文寿（よしざわ　ふみとし、編著者）

2006年4月より新潟国際情報大学情報文化学部助教授、2014年4月より同国際学部教授、専門は朝鮮現代史、日朝関係史、日韓国交正常化交渉研究。

著書及び論文：『日韓会談1965 戦後日韓関係の原点を検証する』、高文研、2015年、『〔新装新版〕戦後日韓関係―国交正常化交渉をめぐって』、クレイン、2015年、『歴史認識から見た戦後日韓関係』社会評論社、2019年（編著）、「朴正熙政権期における対日民間請求権補償をめぐる国会論議」、『現代韓国朝鮮研究』第15号、2015年など。

金崇培（キム　スンベ、김숭배）

2016年3月より延世大学統一研究院専門研究員、2019年3月より忠南大学人文学部招聘教授、日韓関係、東アジア国際関係、国際政治史研究。

著書及び論文：吉澤文寿編『歴史認識から見た戦後日韓関係』（共同執筆）

論文：「反ヴェルサイユ―国際的民族自決論と韓国的分化の連携性」『国際政治論叢』第59集2号、2019年（ソウル）、「サンフランシスコ平和条約と北東アジア非署名国―ソ連、韓国、中国と平和条約の規範保全」『日本批評』第22号、2020年（ソウル）など。

金恩貞（キム　ウンジョン、김은정）

2017年度より大阪市立大学法学研究科・客員研究員。2019年より日本学術振興会・外国人特別研究員。専門は日韓国交正常化交渉及び戦後日本外交史。

著書及び論文：『日韓国交正常化交渉の政治史』千倉書房、2018年、前掲『歴史認識から見た戦後日韓関係』（共同執筆）、「1950年代初期、日本の対韓請求権交渉案の形成過程―「相互放棄プラスアルファ」案の形成を中心に―」アジア政経学会編『アジア研究』第62巻第1号、2016年など。

尹錫貞（ユン　ソクチョン、윤석정）

2017年3月より国民大学日本学研究所研究員、2020年1月より韓国・国立外交院日本研究センター研究教授、専門は日韓関係、戦後日本政治外交史。
論文：「1990年代の韓日関係と韓日共同宣言－韓日関係の構造変動によるポスト冷戦協力と制度化の試み」『日本学報』第120号、2019年（ソウル）、「安倍政権の集団的自衛権の解釈変更と日本の政党政治－7・1閣議決定を中心に」『国際・地域研究』第28巻2号、2019年（ソウル）、「2020年東京オリンピックと安倍のオリンピック：復興五輪、改憲、そしてオリンピックの延期」『日本批評』第23号、2020年（ソウル）など。

金鉉洙（キム　ヒョンス、김현수）

明治大学情報コミュニケーション学部兼任講師、専門は日韓会談反対運動・在日朝鮮人運動史研究。
著書及び論文：『日本における韓日会談反対運動－在日朝鮮人運動を中心に―』図書出版先人(ソウル)、2016年、前掲『歴史認識から見た戦後日韓関係』（共同執筆）、「東アジアの冷戦と日韓会談－1950年代を中心に―」『在日朝鮮人史研究』第40号、2015年など。

厳泰奉（オム　テボン、엄태봉）

国民大学日本学研究所研究員及び研究教授、大真大学講義教授、国民大学・高麗大学非常勤講師を経て、現在、翰林大学日本学研究所HK研究教授。専門は日韓関係、日本・韓国政治外交史。
著書及び論文：東北亜歴史財団韓日歴史問題研究所編『韓日協定と日韓関係－1965年体制は克服可能か』東北亜歴史財団、2019年（ソウル、共同執筆）、趙胤修偏『韓・日関係の軌跡と歴史認識』東北亜歴史財団、2020年（ソウル、共同執筆）、「韓日会談中断期の文化財問題に関する研究」『日本空間』第21巻、2017年、「北日会談と文化財返還問題－韓日会談の経験とその含意を中心に」『亜細亜研究』62巻2号、2019年（ソウル）など。

朴昶建（パク　チャンゴン、박창건）

国民大学校日本学科教授。同大学日本学研究所常任研究委員、日本島根県立大学北東亜研究所客員研究委員、慶南大学校極東問題研究所客員研究委員を兼任。専門は日本政治経済、東アジア国際関係。

著書及び論文：『危機以後の韓国の選択：世界金融危機、秩序変化、中堅国外交』ハンウル、2020年（ソウル、共同執筆）、『韓日関係の緊張と和解』報告社、2019年(坡州市、共同執筆)、「日本の公共外交」『国家戦略』第23巻4号、2017年（ソウル）、「東北亜プラス責任共同体：制度化された協働のための条件と努力」『国家安保と戦略』第18巻3号 2018年（ソウル）など。

李元徳（イ　ウォンドク、이원덕）

1998年より国民大学国際学部日本学専攻教授、2007年より2019年1月まで国民大学日本学研究所長、2015年韓国現代日本学会長歴任、専門は日韓関係、現代日本政治外交研究。

著書及び論文：『日韓関係史1965 − 2015 I. 政治』東京大学出版会、2015年(木宮正史と編著)、『韓日関係50年の省察』図書出版オレ、2016年(ソウル、共同執筆)、金香男編著『アジア共同体への信頼醸成に何が必要か』ミネルヴァ書房、2016年（共同執筆)、「徴用工の大法院判決 その裏側にある『被害者中心主義』」『中央公論』第133巻第9号、2019年（共著）など。

日韓会談研究のフロンティア
「1965年体制」への多角的アプローチ

2021年8月25日　初版第1刷発行

編著者：吉澤文寿
発行人：松田健二
装幀　：右澤康之
発行所：株式会社 社会評論社
東京都文京区本郷2-3-10
電話：03-3814-3861　Fax：03-3818-2808
http://www.shahyo.com
組版　　：Luna エディット .LLC
印刷・製本：倉敷印刷 株式会社

日韓正常化交渉で積み残された請求権と歴史認識の課題を考える論考集

歴史認識から見た戦後日韓関係

吉澤文寿／編著

第一部　日韓会談関連外交文書の公開と日韓会談研究の新視点

李洋秀　　日韓会談文書の開示請求訴訟と在日の法的地位
金恩貞　　日韓会談における北朝鮮要因
太田修　　日韓財産請求権「経済協力」方式の再考
浅野豊美　　日韓国交正常化の原点

第二部　日韓国交正常化以後の歴史認識問題

長澤裕子　　日韓国交正常化後の両国交渉と歴史認識の外交問題化
山本興正　　梶村秀樹の「日韓体制」批判
吉澤文寿　　一九八〇年代の日韓歴史認識問題

第三部　「六五年体制」の歴史的空間

金崇培　　名称の国際政治
成田千尋　　日韓関係と琉球代表 APACL 参加問題
金鉉洙　　在日朝鮮人学生の「祖国」認識に関する小考

定価＝本体 3800 円＋税　ISBN978-4-7845-1573-8　A5 判上製 336 頁

混迷する政治の光となる障害者国会議員の生活と闘い、仲間づくり。

重度障害者が国会の扉をひらく！

木村英子・舩後靖彦の議会参加をめぐって

上保晃平／著　　堀 利和／監修

インタビューや聞き取りによって、排除され「命の選別」の対象にもされかねない障害者の議会参加への〈障害〉が抉りだされ、それを克服するための足がかりが政治学・社会学・障害学の理論によって提示されている。

序　章　障害は政治的なこと——社会モデルと当事者参画
第１章　れいわ新選組と 19 年参院選——重度障害者議員の誕生
第２章　木村英子・舩後靖彦議員の活動——障害者議員と代表性
第３章　三井絹子の「闘い」——もう一つの政治過程
第４章　重度障害と議員活動——木村英子参議院議員インタビュー
第５章　議会参加と障害社会科学——堀利和元参議院議員インタビュー
第６章　『生きざま政治のネットワーク——障害者と議会参加』を読んで
終　章　議会参加の〈障害〉——理論的考察の試み

定価＝本体 1700 円＋税　ISBN978-4-7845-2414-3　四六判並製 256 頁

やり切れないほどの独りぼっち、路上からの悲鳴が止まらない！

新型コロナ災害
緊急アクション活動日誌
2020.4 - 2021.3

瀬戸大作 原作 平山昇・土田修 企画・編集

新型コロナウイルス拡大に伴い、深刻化する貧困問題を共同して解決するために、2020年3月に41のさまざまな社会運動団体が決起した。社会の底が抜け落ちてしまい、生きるためにSOSを発する人々に向けての多様なアクションが開始された。その最前線における人びととの連帯のドキュメンタリー。写真多数。

＊コラム＊
瀬戸大作君の活動から社会の変革について思うこと　山本伸司
このまま消えてしまうのではないか——　藤田和恵
瀬戸さんと協同組合運動と共生の社会づくり　野々山理恵子
コロナ禍における外国人の社会的排除　稲葉奈々子

定価＝本体1800円＋税　ISBN978-4-7845-1371-0　A5判216頁

人類史的危機の時代における私たちの選択

アジアと共に「もうひとつの日本」へ

永井 浩／著

「平和国家」日本の漂流、戦時体制への逆流。奥にひそむ明治以来の歪んだアジア認識・関係を抉り、市民的抵抗運動をねばり強く展開するアジアの民衆とともに「もうひとつの日本」への道をさぐる。

プロローグ　「平和国家」漂流のなかで
第１章　支配する者が腐敗していく
第２章　侵略戦争への新たな加担
第３章　平成天皇「平和の旅」の空白
第４章　荒れ野を脱する
第５章　アジアと共に「もうひとつの日本」をめざす
第６章　「平和国家」の再構築へ
第７章　「人間の目」で世界を見る

定価＝本体 2200 円＋税　ISBN978-4-7845-1372-7　四六判 296 頁